8 PASSOS
para uma
ALTA PERFORMANCE

MARC EFFRON

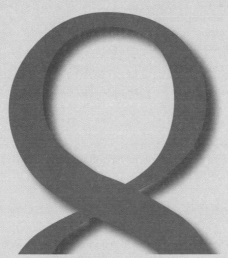

8 PASSOS para uma ALTA PERFORMANCE

FOQUE NO QUE VOCÊ PODE MUDAR (E IGNORE O RESTO)

Tradução
Sandra Martha Dolinsky

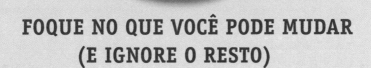

Benvirá

Copyright © 2018 Harvard Business School Publishing Corporation
Publicada mediante acordo com Harvard Business Review Press.

Título original: *8 Steps to High Performance*

Preparação Luiza Thebas
Revisão Tulio Kawata
Diagramação Eduardo Amaral
Capa Deborah Mattos
Impressão e acabamento Edições Loyola

Dados Internacionais de Catalogação na Publicação (CIP)
Angélica Ilacqua CRB-8/7057

Effron, Marc
  8 passos para uma alta performance: foque no que você pode mudar (e ignore o resto) / Marc Effron; tradução de Sandra Martha Dolinsky. — São Paulo: Benvirá, 2019.
  256 p.

ISBN 978-85-5717-312-5
Título original: 8 Steps to High Performance

1. Sucesso 2. Sucesso nos negócios 3. Performance - Desenvolvimento 4. Autorrealização I. Título II. Dolinsky, Sandra Martha

	CDD 650.1
19-1144	CDU 65.011.4

Índices para catálogo sistemático:
1. Sucesso profissional

1ª edição, julho de 2019

Nenhuma parte desta publicação poderá ser reproduzida por qualquer meio ou forma sem a prévia autorização da Saraiva Educação. A violação dos direitos autorais é crime estabelecido na lei nº 9.610/98 e punido pelo artigo 184 do Código Penal.

Todos os direitos reservados à Benvirá, um selo da Saraiva Educação,
parte do grupo Somos Educação.
Av. Dra. Ruth Cardoso, 7221, 1º andar, Setor B
Pinheiros – São Paulo – SP – CEP: 05425-902

SAC: sac.sets@somoseducacao.com.br

CÓDIGO DA OBRA   646100   CL   670887   CAE   659597

*Muitas pessoas moldaram minha forma de pensar
e de abordar meu trabalho sobre alta performance.
Obrigado a todos que me ensinaram, me desafiaram,
me apoiaram e me guiaram ao longo dos anos.
Agradeço especialmente à minha esposa, Michelle,
por seu amor e apoio inabaláveis há mais de trinta anos.*

Sumário

Apresentação, por Marshall Goldsmith......9

Prefácio......13

Introdução | Como conquistar uma alta performance....27

Passo 1 | Estabeleça grandes metas......51

Passo 2 | Comporte-se de forma a atingir uma alta performance......73

Passo 3 | Evolua mais rápido......105

Passo 4 | Relacione-se......133

Passo 5 | Otimize seu poder de adequação......159

Passo 6 | Finja......185

Passo 7 | Valha-se de seu corpo......207

Passo 8 | Evite distrações......225

Conclusão 237
Apêndice 239
Notas 241

Apresentação
Por Marshall Goldsmith

Marc Effron, autor de *Leading the Way* e de *One Page Talent Management*, oferece neste *8 passos para uma alta performance* um roteiro excepcional para alcançarmos nosso maior potencial e máxima performance.

Quando Marc me contou que baseou este livro em uma declaração do pai da administração moderna, Peter Drucker, eu imediatamente soube que o adoraria. Assim como muitos dos meus maiores ensinamentos sobre liderança, que são alicerçados naquilo que aprendi pessoalmente com Drucker, Marc baseia este trabalho na filosofia de Peter: "Não tente mudar a si mesmo – você dificilmente conseguirá. Mas trabalhe duro para melhorar sua performance".

Este livro excepcional sugere oito passos, todos importantes para que você atinja seu objetivo de alcançar uma alta performance. Eu gostaria de fazer um pequeno comentário a respeito de um deles, o Passo 6: "Finja". Eu adoro esse passo. Marc o descreve da seguinte forma:

"Para atingir uma alta performance, você deve se preocupar em apresentar os comportamentos certos, e não em ser quem verdadeiramente é. Você aprenderá que isso funciona porque, às vezes, fingir é mais eficiente que ser genuíno, e também aprenderá em que situações é crucial fingir um novo comportamento".

Eu chamo isso de a "hora do show", inspirado nos grandes espetáculos teatrais. Todas as noites, grandes artistas entregam seu coração em cada produção. Alguns têm dor de cabeça, outros têm problemas familiares, mas isso não importa; quando chega a hora do show, eles dão tudo o que têm. Pode ser a milésima vez que um ator representa aquele papel, mas pode ser a primeira que o espectador sentado na quarta fileira assiste ao espetáculo. Para o verdadeiro intérprete, toda noite é noite de estreia.

E como os grandes atores, os grandes empreendedores às vezes precisam ser artistas impecáveis. Quando é necessário se motivar para concluir um projeto, inspirar as pessoas ao redor ou formar equipes adequadas a um trabalho específico, eles vão lá e fazem. Não importa se estão com dor de cabeça ou se têm uma divergência com colegas. Eles fazem o que for preciso para ajudar a empresa a alcançar o sucesso. Quando chega a "hora do show", eles precisam estar "ligados", assim como as estrelas da Broadway. Essa não é uma lição fácil, mas é uma lição que os maiores líderes que já conheci aprenderam, e aprenderam muito bem.

Essas são apenas algumas das muitas coisas que você aprenderá com a leitura de *8 passos para uma alta performance*.

Porque o livro é baseado em pesquisas, inclui autoavaliações e oferece ferramentas para que você verifique seu progresso rumo à performance que almeja alcançar. É um guia do mais alto nível.

Siga os oito passos que Marc descreve aqui, e você atingirá suas metas de máxima performance!

A vida é boa.

Marshall Goldsmith
Autor e editor internacional de 35 best-sellers,
incluindo *Reinventando o seu próprio sucesso* e *O efeito gatilho*

Prefácio

Eu teria gostado se, na minha juventude, alguém tivesse se sentado comigo e dito: "Marc, eu vou lhe contar como ser bem-sucedido no trabalho. Algumas coisas que falarei poderão soar instintivas para você, e outras talvez exijam um esforço significativo. Talvez você acredite que algumas delas funcionam e que outras não. Mas prometo que todas beneficiarão a sua performance e que, quanto mais dessas coisas você fizer, mais bem-sucedido será".

Ninguém me deu esse presente, e duvido que você também o tenha recebido. Isso é uma pena, porque a falta de informações como essas torna nossa busca pela alta performance mais desafiadora que o necessário. Como não sabemos o que comprovadamente funciona quando se trata de performance, nos esforçamos para analisar os conselhos que encontramos em livros, que ouvimos de chefes e de amigos e que lemos na internet. Esses conselhos podem ser realmente precisos ou então não passarem de balela;

é difícil saber sem testá-los. Nossa busca por alta performance é, em geral, feita na base de tentativa e erro: fazemos o que achamos correto e torcemos pelos melhores resultados.

É uma pena maior ainda que essas conversas não ocorram, porque sabemos exatamente o que ajuda as pessoas a ter uma alta performance. É isso mesmo. Existe uma ciência clara e comprovada que descreve exatamente como as pessoas podem melhorar sua performance no trabalho. Não são coisas do tipo "mantenha a cabeça baixa e trabalhe duro", e sim ações específicas, como o modo como você deve definir metas, a maneira como deve se comportar para gerar resultados e formas para acelerar seu desenvolvimento. Mas, se tais informações são bem conhecidas, por que essas conversas não acontecem?

O problema é que essas poderosas informações sobre como melhorar a performance profissional estão escondidas em revistas acadêmicas empoeiradas, como peças soltas de um grande quebra-cabeça. A maioria das pessoas jamais iria atrás do estudo original para encontrar essas informações, nem saberia como encaixar as muitas peças para enxergar uma imagem coerente.

Para piorar, essas informações raramente são apresentadas de maneira que se possa aplicá-las no trabalho. Nas poucas ocasiões em que são publicadas em forma de livro ou de matéria de jornal ou revista, são escritas por um consultor ou jornalista que entende do assunto, mas que nunca precisou aplicar o conceito no mundo real. Seus conselhos podem ser tecnicamente precisos, mas muitas vezes ignoram a realidade prática de pessoas sobrecarregadas, com prioridades conflitantes ou chefes com quem não podem contar.

Se pudéssemos reunir essas importantes informações e analisá-las a fim de identificar as mais relevantes e, a seguir, torná-las compreensíveis, práticas e aplicáveis, qualquer pessoa poderia ser capaz de alcançar uma alta performance. Esse conhecimento democratizaria a alta performance, tornando-a disponível para todos, e não só para uns poucos privilegiados sortudos. Esse é o objetivo de *8 passos para uma alta performance*.

Escrevi este livro para que qualquer pessoa possa ter uma alta performance. Como executivo corporativo e consultor administrativo, já vi muita gente inteligente apresentando uma performance abaixo do esperado por não conhecer ou não acreditar nos oito passos. Essas estrelas em potencial tiram suas carreiras dos trilhos porque se agarram a um único, ainda que extraordinário, propulsor de sucesso (dedicar-se arduamente ao trabalho; continuar se desenvolvendo etc.), e, por ignorarem os outros sete passos, acabam colidindo com o muro da alta performance. Outros líderes que, por não acreditarem que esses passos melhorariam sua performance, rejeitaram ótimos conselhos sobre como construir uma rede de network ou mudar determinados comportamentos – e todos eles eram pessoas inteligentes e muito qualificadas, mas que perderam os incríveis benefícios da alta performance por não darem importância a ela.

Antes de tratar de alta performance, vamos definir o que é performar bem. Uma pessoa com alta performance é alguém que consistentemente apresenta resultados e comportamentos melhores (tanto em termos absolutos quanto relativos) do que 75% de seus pares. Algumas palavras desta sentença merecem especial atenção: "consistentemente" quer dizer que você não brilha somente às vezes ou apresenta um bom projeto de vez em quando, mas que isso acontece com regularidade; e "relativos" significa que sua performance supera a dos outros, e não apenas a meta preestabelecida. Pode ser ótimo para a empresa que tanto você quanto os seus colegas superem a meta, mas isso significa que a sua performance ainda está abaixo do ideal quando comparada à dos outros.

A jornada rumo aos oito passos

Se há um número de passos para alcançar a alta performance, seria óbvio perguntar por que não sete, nove ou 25 passos? Chegar a oito foi uma jornada que começou com a publicação de meu livro anterior, *One Page Talent Management*, em coautoria com Miriam Ort. Nós o escrevemos para ajudar líderes corporativos da área de recursos humanos a entender o que já foi cientificamente comprovado em relação ao cultivo de grandes talentos e para simplificar o modo de implementar esses conhecimentos. Os leitores adoraram a forma simplificada como disponibilizamos esses conhecimentos científicos no livro, e ficamos felizes por muitas empresas terem mudado o gerenciamento de seus talentos graças a esses conselhos.

Mas eu logo percebi que muitos desses conselhos nunca chegariam ao cliente final, o colaborador. Meu objetivo não era que as empresas criassem processos corporativos melhores, mas que mais colaboradores se tornassem bem-sucedidos. Compreendi que, me conectando diretamente com o cliente no que diz respeito à alta performance, eu poderia complementar o grande esforço das empresas nessa área e preencher uma lacuna. Você é meu cliente.

Passei os oito anos entre a publicação de *One Page Talent Management* e a escrita de *8 passos* pesquisando a ciência e a prática da alta performance individual. Meu objetivo era aplicar o conceito de "simplicidade fundamentada na ciência" para identificar quais fatores, com evidências científicas contundentes, levavam à alta performance e definir a maneira mais simples e fácil de aplicá-los. Isso significava que tudo que eu incluísse em *8 passos* teria que ter provas conclusivas de melhorar a performance individual, o que eliminou alguns conceitos recentes, mas garantiu que tudo o que o livro contém realmente funciona.

Para compreender a ciência por trás deles, revisei a extensa pesquisa acadêmica sobre performance que usei em *One Page Talent Management*. Por exemplo, eu sabia que era cientificamente comprovado que estabelecer grandes metas e ter uma estratégia mais alinhada com a empresa melhoram a performance individual. Ficou claro que o desenvolvimento individual também exerce impacto na performance, apesar de haver muito menos informação disponível sobre exatamente quais habilidades alguém deve desenvolver e como.

A essa altura, o número de perguntas começou a superar o de respostas. Eu sabia que a compreensão e a melhora de determinados comportamentos deveriam estar relacionadas a uma alta performance, mas será que há um comportamento específico que garanta, em todas as situações, uma melhor performance? E quanto ao networking? Dizem que é valioso, mas há alguma prova de que ele melhora a performance individual? E quanto a áreas como sono, exercícios e nutrição?

A única maneira de determinar o que incluir e o que deixar de fora do livro era ler as pesquisas acadêmicas sobre cada tópico relacionado à alta performance e decidir se os resultados justificavam ou não sua inclusão. Eu li centenas de artigos e revisei outros milhares sobre temas que entraram ou não na lista final. O nível de comprovação desejado para que eu incluísse um tópico no livro foi uma meta-análise* que concluiu que cada um deles de fato melhorava a performance individual no trabalho. A comprovação prática foi rigorosa; estudos que usavam ratos e estudantes não contaram.

Além da literatura acadêmica, me debrucei sobre os livros e artigos mais populares sobre como melhorar a performance individual. A maioria continha alegações que rapidamente caíam por terra por falta de comprovação científica. Alguns materiais eram quase cientificamente negligentes – pessoas que deveriam entender do assunto dizendo

---

* Uma meta-análise revisa vários estudos diferentes relacionados a um tópico similar. O objetivo é verificar se a conclusão encontrada em cada estudo é relativamente semelhante às encontradas nos demais. Se todos os estudos chegarem a uma conclusão semelhante, há fortes provas de que a descoberta é cientificamente verdadeira.

coisas fundamentalmente incorretas. Poucos conceitos dos populares livros de negócios, artigos e TED Talks passaram pelo crivo.

Após a análise de milhares de artigos sobre diversos temas relacionados, somente oito tópicos atenderam aos meus padrões para serem incluídos em *8 passos*. Se você se perguntar por que ninguém resumiu essas informações antes, pense no esforço que exigiu.

Resumidamente, os oito passos são:

- **Passo 1 – Estabeleça grandes metas:** como definir metas que gerem maior performance.
- **Passo 2 – Comporte-se de forma a atingir uma alta performance:** os comportamentos que levam a uma maior performance em diferentes situações.
- **Passo 3 – Evolua mais rápido:** como desenvolver mais depressa as habilidades mais importantes.
- **Passo 4 – Relacione-se:** com quem se relacionar e por quê.
- **Passo 5 – Otimize seu poder de adequação:** como entender e se adaptar à estratégia de sua empresa.
- **Passo 6 – Finja:** às vezes, você não deve ser quem verdadeiramente é.
- **Passo 7 – Valha-se de seu corpo:** como administrar melhor seu corpo para sustentar sua performance.
- **Passo 8 – Evite distrações:** como evitar modismos administrativos que o distraiam da alta performance.

Para além do fato de esses passos serem cientificamente comprovados, eu vi pessoalmente cada um deles gerar líderes bem-sucedidos em todos os setores, indústrias e partes do mundo. Vi também pessoas brilhantes fracassarem por ignorarem essas verdades fundamentais.

Como assistente de um congressista dos Estados Unidos, pude observar dois líderes muito inteligentes e competentes disputando o cobiçado cargo de chefe de gabinete. Um deles concentrou seus esforços em se tornar um grande especialista técnico na elaboração e aprovação de leis. O outro investiu seu tempo em conhecer outros chefes de gabinete, aprender sobre o trabalho e construir um bom network com aqueles que poderiam influenciar seu futuro. Quando o congressista decidiu quem seria seu chefe de gabinete, as profundas e extensas conexões desse último líder (Passo 4, "Relacione-se") foram o diferencial.

Como consultor de grandes e complexas companhias do mundo todo, vi executivos ficarem para trás por não compreenderem que a nova estratégia adotada por sua empresa exigia que eles também adotassem uma nova forma de trabalhar. Um bom exemplo é o caso de uma grande empresa da área da saúde que passou de uma startup a uma próspera companhia de 5 bilhões de dólares e mais de 5 mil funcionários. O foco empreendedor do CEO, o desprezo dele por processos e seu carisma pessoal foram fundamentais para o sucesso da companhia. No entanto, a empresa, agora de grande porte, passou a precisar de um líder capaz de construir a infraestrutura e a disciplina operacional necessárias para prosperar no novo tamanho, mas o CEO se recusou a adaptar seu estilo de gestão para melhor se adequar às necessidades de mudança da empresa (Passo 5, "Otimize seu poder de adequação"). Além de perder o próprio emprego, outros executivos também foram demitidos por sua causa.

Eu vi líderes atingirem uma alta performance ao deixarem de estabelecer quinze, vinte metas e passarem a se concentrar nos poucos e mais importantes pontos que podiam oferecer à empresa (Passo 1, "Estabeleça grandes metas"). Outros líderes buscaram carreiras mais desafiadoras e descobriram que movimentos maiores e mais arriscados aceleravam seu desenvolvimento (Passo 3, "Evolua mais rápido").

Não é novidade, mas é comprovadamente eficiente

Talvez você leia alguns dos oito passos e pense: "Eu já sabia disso há anos!". Exatamente. O fato de os oito passos serem comprovados também significa que eles não são novidade, mas sim fruto de anos de pesquisa de cientistas do mundo todo que constataram, sem sombra de dúvida, que cada um deles funciona. Isso deve deixar você ainda mais confiante no poder desses oito passos. A grande questão é que poucas empresas e pessoas conhecem todos os passos ou sabem aplicá-los para obter os melhores resultados.

A grande novidade aqui é que, além de os oito passos comprovadamente melhorarem a performance, você pode empregar todos eles. Todos os capítulos contêm conselhos específicos e ferramentas práticas para ajudar você a dar cada passo. Você também pode ter certeza de que os passos são de grande valia agora e continuarão sendo por muitos anos, porque de fato foram criados com base na ciência do comportamento humano. O modo como as empresas gerenciam as pessoas pode mudar, mas as verdades fundamentais sobre o comportamento e a performance humanos evoluem no decorrer de décadas.

Quem vai se beneficiar com *8 passos para uma alta performance*

Quando eu estava escrevendo *8 passos para uma alta performance*, um colega mais velho disse que poderia ser meio embaraçoso para ele carregar por aí um livro sobre esse assunto, afinal, na sua idade, ele já deveria ter "aprendido" tudo sobre o tema. Isso até poderia ser verdade se tivéssemos aprendido os passos quando jovens e tido a oportunidade de praticá-los regularmente ao longo de nossa carreira. Contudo, infelizmente, até agora, ninguém havia feito uma análise sobre a ciência da performance humana no trabalho nem convertido esse conhecimento em passos simples e práticos.

Buscar uma alta performance é algo que vale a pena, independentemente da fase ou cenário da carreira em que você se encontra. Você pode estar começando e pensando em como melhor se estabelecer em sua empresa ou profissão. Ou então ser um profissional experiente, mas que não está evoluindo tanto quanto esperava ou apresentando o desempenho que gostaria ter. Talvez você até tenha uma alta performance, mas não consiga entender quais fatores são responsáveis por seu sucesso e quais podem prejudicar seu desempenho futuro. A menos que você seja o profissional a apresentar a melhor performance em sua área ou profissão, há neste livro pelo menos um item que o ajudará a melhorar seu desempenho.

Espero que você se beneficie pessoalmente com este livro, e tenho convicção de que os membros de sua equipe se beneficiarão se receberem um exemplar. É provável que muitos dos conselhos que ofereço estejam alinhados com o modo como você já treina seus colaboradores, de modo que poderá usar *8 passos* para reforçar suas mensagens. As considerações e ferramentas apresentadas aqui são descomplicadas, o que permitirá que seus colaboradores se comprometam ainda mais com a melhora da própria performance.

Em conferências da área, sempre sou abordado por diversas pessoas carregando um exemplar do meu último livro, com páginas dobradas e grifadas, que me contam que recorrem a ele como um guia quando têm dúvidas sobre como gerenciar seus talentos. Espero que você use este livro da mesma maneira. O ideal é que ele se transforme em uma referência sempre a postos para fornecer orientações, ferramentas ou dicas quando você precisar.

Sobre seus limites reais e percebidos

O subtítulo de *8 passos* é "Foque no que você pode mudar (e ignore o resto)". Você notará que essa premissa é refletida em todo o livro. Descreverei aqui exatamente o que pode ajudá-lo a ter uma alta performance e como aplicar cada princípio no trabalho. Peço que deixe de lado quaisquer desculpas e justificativas sobre por que não consegue atingir a alta performance – e isso não significa que eu não compreenda que cada um tem suas limitações ou que não tenha empatia para com aqueles que têm um trabalho ou situações pessoais complexos.

Talvez você tenha uma vida doméstica complicada, cuide de pais idosos, seja mãe solteira ou já esteja sobrecarregado com questões que exigem sua atenção todos os dias. É possível que, em seu emprego, você precise lidar com um chefe difícil, tenha uma função na qual não se sente engajado ou colegas de trabalho desagradáveis; ou que simplesmente trabalhe em uma empresa ruim. Eu entendo esses desafios e pergunto: dada a situação, como você pode usar seu tempo, foco e energia restantes para obter uma performance superior? Escolha um único passo que possa dar a partir de hoje. Quando sentir que fez um progresso significativo nesse passo, siga para o próximo. Sua jornada rumo à alta performance talvez seja mais lenta que a de outras pessoas, mas ao menos você terá a certeza de que está no caminho certo.

Aceite o desafio

O caminho para concluir os passos não é tortuoso, mas também não é fácil. Ele requer que você de fato deseje ter uma alta performance, que trabalhe duro para completar cada passo e que evite as distrações que o tentarão ao longo do caminho. Os benefícios que você obterá com uma alta performance farão de todo esse esforço e sacrifício um investimento inteligente.

Você aumentará seu potencial salarial, aprenderá mais e se desenvolverá mais rapidamente. Ficará mais em evidência e terá oportunidades que outros não terão. As únicas coisas que precisa fazer é se comprometer com o sucesso, acreditar em suas habilidades e dar os oito passos rumo à alta performance.

INTRODUÇÃO

Como conquistar uma alta performance

Algumas pessoas começam a carreira com uma clara vantagem em termos de performance. Elas podem ser mais inteligentes que você, ter uma posição socioeconômica melhor, ser fisicamente mais atraentes ou ter características de personalidade úteis. É cientificamente comprovado que cada um desses fatores pode ajudar a ter uma performance melhor. Segundo pesquisas acadêmicas, a combinação desses itens pode determinar até 50% da performance individual de alguém.[1] Vamos chamar esses itens de "50% fixos", porque são atributos menos sujeitos a mudanças uma vez que nos tornamos adultos.

Mas é claro que não há nenhuma garantia de que alguém que apresente mais qualidades entre esses atributos 50% fixos tenha uma alta performance. O que quero dizer é que algumas pessoas começam já com uma vantagem inicial clara. Uma pessoa bonita, muito inteligente, que tem uma inclinação natural para se dedicar ao trabalho, que não é muito agressiva, que pertence à classe média ou alta começa sua carreira com mais probabilidades de ter uma alta performance. Ainda assim ela pode fracassar, mas não será por não ter tido uma bela vantagem de início.

Isso não é justo, e talvez faça você acreditar que a alta performance no trabalho é algo que não pode ser controlado. Felizmente, o que está fora do seu controle são apenas os 50% fixos. Os outros fatores que impulsionam sua performance são todos controlados por você, das suas competências e comportamentos ao tamanho de sua rede de network ou seu desenvolvimento pessoal. Sabemos disso graças a milhares de pesquisadores que estudaram todas as possíveis forças motrizes da performance, desde o estabelecimento de metas e a maneira como adquirimos conhecimento até nossa qualidade de sono. Vamos chamar a combinação dessas áreas de "50% flexíveis" – os quais você tem o poder de moldar de acordo com o seu interesse.

O desafio para aqueles que desejam ter uma alta performance é analisar a imensurável quantidade de informações a respeito do assunto, identificar quais delas realmente importam e colocá-las em prática. *8 passos para uma alta performance* resume essa volumosa pesquisa ao que comprovadamente aumenta o desempenho e explica como colocar em prática esse conhecimento.

Por que ter uma alta performance?

Uma boa maneira de começar nossa discussão é respondendo à pergunta: "Qual é o benefício de ter uma alta performance?". A alta performance lhe proporcionará mais daquilo que você valoriza, seja flexibilidade, poder, oportunidade, remuneração ou reconhecimento. Ela cria a base para uma carreira de sucesso; dá acesso a partes de sua companhia que de outra forma você não veria. Essas prerrogativas surgem porque as empresas adoram pessoas que apresentam alta performance; elas entendem que colaboradores que têm um bom desempenho criam e sustentam empresas de sucesso. Elas se esforçam para identificar os melhores colaboradores e concedem a eles mais tempo, atenção, oportunidade de desenvolvimento e remuneração, para garantir que permaneçam engajados e não deixem a empresa.

Esse investimento extra por parte do empregador é uma decisão inteligente, porque a ciência diz que colaboradores de alta performance produzem entre 100% e 500% mais que seus colegas de performance média ou abaixo da média.[2] Eles contribuem mais e, portanto, são mais recompensados. Isso não significa que aqueles que apresentam um desempenho mediano têm menos valor, apenas que é improvável que a empresa invista neles tanto quanto investe em colaboradores que apresentam melhor performance.

Como colaborador, você também deve se preocupar em ter uma alta performance, já que isso o deixa mais perto de sua próxima promoção. Embora não garanta que você receberá uma grande oportunidade, ela o deixará mais bem posicionado que os demais.

Se você acha que sua empresa é diferente, que ela valoriza todos igualmente ou que a alta performance não é sua principal preocupação, analise um estudo recente sobre cultura corporativa publicado na *Harvard Business Review*. Nesse estudo, mais de 250 empresas foram convidadas a selecionar, entre oito categorias, seu estilo de cultura dominante. As opções incluíam culturas dominadas por afeto e cuidado, propósito, satisfação, entre outros. Das empresas participantes, 89% definiram seu estilo de cultura dominante como de "resultados".[3] Resultado quer dizer performance. Os estilos culturais pautados por propósito ou aprendizado foram selecionados por apenas 9% e 7% das empresas entrevistadas, respectivamente. Isso reforça que a principal preocupação de quase toda empresa é a alta performance.

Eu sei o quanto as empresas valorizam a alta performance porque aconselho as maiores e mais complexas companhias do mundo sobre esse assunto. Nossa empresa de consultoria cria estratégias para identificar colaboradores de alta performance, desenvolvê-los e mantê-los engajados. As empresas sabem os enormes benefícios que os profissionais de alta performance geram e querem ter mais deles em seu quadro; querem investir na seleção e no desenvolvimento de seus melhores talentos e na reavaliação (o que normalmente significa demissão) daqueles que nunca terão alta performance.

O QUE É REALMENTE VERDADE SOBRE A ALTA PERFORMANCE?

Ao tentar entender o que comprovadamente aumenta a performance, somos facilmente distraídos pela enxurrada diária de notícias não científicas sobre o tema ("Relaxe como um profissional: 5 dicas para transformar seu sono") e pelos links caça-cliques que lançam perguntas como "Passar fome pode ajudar você a focar melhor no trabalho?".[4] (Nota: a resposta dos pesquisadores da Universidade Yale a essa pergunta foi sim.) Em geral, essas notícias apresentam pouca ciência de fato, ou destacam uma ou duas descobertas atraentes, mas descontextualizadas. De todo modo, não fornecem nenhuma orientação prática sobre como aplicar essas pílulas de sabedoria.

Vale a pena ter cautela até mesmo quando alguém alega que algo foi "cientificamente comprovado". Em *Fora de série*, best-seller do *The New York Times*, Malcolm Gladwell escreveu um capítulo baseado em pesquisas científicas que dizia que com dez mil horas de prática, qualquer um poderia dominar uma habilidade.[5] A mídia divulgou amplamente esse texto, e ele foi citado mais de seis mil vezes em livros e artigos acadêmicos. No entanto, outros cientistas rapidamente provaram que isso não é verdade: menos de um terço do desempenho de um indivíduo se deve a suas horas de prática.[6]

Para ter uma alta performance, você precisará consumir com cautela essas afirmações. Para avaliar se uma informação sobre o assunto é verossímil, classifique-a em uma destas três categorias: pesquisa, ciência ou ciência conclusiva, e escolha o nível de comprovação necessário para você acreditar nela.

- **Pesquisa:** uma empresa de consultoria realiza um estudo e publica os resultados, muitas vezes para respaldar um produto ou serviço que vende. Os resultados podem até ser verdadeiros, mas não há uma verificação independente. Em geral, a empresa de consultoria não permite que ninguém cheque se suas afirmações são verdadeiras.

- **Ciência:** alguém conduz cuidadosamente um experimento para testar uma hipótese (por exemplo: se selecionarmos candidatos para um cargo com base na inteligência, reuniremos colaboradores com performance mais alta). O processo de pesquisa e as descobertas são publicados em algum periódico acadêmico revisado por colegas. Outros cientistas podem ler sobre esse experimento e tirar as próprias conclusões sobre os resultados obtidos.
- **Ciência conclusiva:** outros cientistas conduzem dezenas ou centenas de vezes um mesmo experimento publicado. Em quase todas as vezes, as conclusões são as mesmas, o que estabelece um forte indicativo de que os resultados são conclusivamente verdadeiros – esta é a prova mais contundente.

Cada um dos oito passos deste livro é baseado em ciência conclusiva. Eu uso os termos "ciência" ou "pesquisa" no livro quando me refiro a conceitos ou exemplos cuja comprovação é menos robusta. Incluí centenas de referências para que você possa revisar as pesquisas, a ciência ou a ciência conclusiva que comprovam os passos.

Os oito passos

Quais são os elementos que comprovadamente melhoram sua performance e que você pode controlar? A ciência conclusiva sugere oito passos que o ajudarão a ter uma alta performance:

- **Passo 1 – Estabeleça grandes metas.** As metas exercem um incrível poder em nossa concentração e motivação; quanto mais foco e motivação você tiver, mais próximo da alta performance estará. Vou explicar como identificar os poucos objetivos que importam e aumentar suas expectativas em relação ao que você pode oferecer. Você aprenderá o tipo ideal de coaching que o ajudará a atingir suas elevadas expectativas de performance.
- **Passo 2 – Comporte-se de forma a atingir uma alta performance.** Os comportamentos não são todos criados da mesma forma. Você aprenderá a identificar quais comportamentos apresenta com mais frequência, a evitar sair dos trilhos e a substituir determinadas condutas por outras que impulsionem sua performance. Você também aprenderá a identificar os comportamentos que sua empresa mais valoriza.
- **Passo 3 – Evolua mais rápido.** A probabilidade de ter uma alta performance aumenta se você demonstrar mais competência nas áreas de interesse de sua empresa. Você aprenderá o equilíbrio ideal entre experiências, educação e feedback para acelerar seu desenvolvimento. Criará seu próprio mapa de experiência pessoal para acelerar e orientar sua evolução.
- **Passo 4 – Relacione-se.** O bom e velho QI (quem indica) continua sendo importante, é verdade, mas mais importante que conhecer certas pessoas

é conhecer as pessoas certas. E o laço que você estabelece com elas é mais importante ainda. Você aprenderá a construir um network poderoso dentro e fora do trabalho, ainda que tenha uma natureza introvertida e esse seja seu maior medo.
- **Passo 5 – Otimize seu poder de adequação.** As pessoas entregam melhores resultados quando se "encaixam" em seu ambiente de trabalho. Isso significa que uma má adequação pode transformar uma potencial alta performance em um desempenho mediano. Você aprenderá a identificar os cenários em que se encaixa melhor e a ajustar sua adequação para melhorar sua performance.
- **Passo 6 – Finja.** Você já deve ter ouvido falar, ou lido, sobre a importância de ser um líder "genuíno" ou "autêntico". Vamos explicar por que ser "falso" às vezes é a opção mais indicada para uma melhor performance e como ajustar seus comportamentos para ser bem-sucedido a cada etapa de sua carreira.
- **Passo 7 – Valha-se de seu corpo.** Seu corpo desempenha um importante papel em sua capacidade de entregar resultados; ele é o único propulsor de performance que você controla por completo. Você aprenderá que o sono é fundamental para uma ótima performance e conhecerá os efeitos dos exercícios e da dieta no seu desempenho.
- **Passo 8 – Evite distrações.** Entender quais conselhos simplesmente não são úteis, independentemente

de quão populares sejam e de quantos livros vendam, pode ser um desafio. O Passo 8 trata de como conhecer e evitar modismos sobre performance; como fugir de respostas fáceis a perguntas difíceis que distraem você de passos realmente comprovados.

Os oito passos para a alta performance são objetivos, mas não são fáceis. Eles exigem interesse, compromisso e obstinação. Se essa for sua visão, eu posso ajudá-lo a completar cada passo. Um bom ponto de partida é identificar quais passos você já domina e quais ainda precisa treinar. Observe a seguir o breve balanço dos passos para ter uma ideia melhor de cada um deles (Tabela 1.1).

Tabela 1.1 Balanço dos oito passos: em que etapa você se encontra atualmente?

Vamos descomplicar: "Sim" significa que você concorda 100% com a afirmação e "Não", que não concorda.

	Os oito passos
☐ Sim ☐ Não	**Mentalidade sobre performance:** considero que a alta performance no trabalho exige tempo, esforço e sacrifícios.
☐ Sim ☐ Não	**Passo 1 – Estabeleça grandes metas:** tenho metas grandes e desafiadoras no trabalho e busco coaching para melhorar minha performance.
☐ Sim ☐ Não	**Passo 2 – Comporte-se de forma a atingir uma alta performance:** entendo como a essência da minha personalidade e as minhas características com potencial descarrilador afetam minha performance. Sempre busco formas de melhorar minhas atitudes.

☐ Sim ☐ Não	**Passo 3 – Evolua mais rápido:** já identifiquei quais experiências específicas vão acelerar meu crescimento profissional e estou realizando ou buscando ativamente a próxima experiência-chave.
☐ Sim ☐ Não	**Passo 4 – Relacione-se:** eu constantemente fortaleço meus principais contatos dentro e fora da empresa.
☐ Sim ☐ Não	**Passo 5 – Otimize seu poder de adequação:** sei quais habilidades e atitudes serão mais valorizadas por minha empresa nos próximos dois a quatro anos e estou me adaptando para estar mais bem alinhado com elas.
☐ Sim ☐ Não	**Passo 6 – Finja:** adéquo meu comportamento à situação a fim de otimizar minha performance, em vez de tentar ser sempre "meu verdadeiro eu".
☐ Sim ☐ Não	**Passo 7 – Valha-se de seu corpo:** otimizo meus horários de sono e de atividades físicas tendo em vista a alta performance e, quando não consigo fazê-lo, uso métodos cientificamente comprovados para compensar essa lacuna.
☐ Sim ☐ Não	**Passo 8 – Evite distrações:** para tentar atingir a alta performance no trabalho, escolho cuidadosamente as informações que consumo a respeito do tema e só ponho em prática aquelas que são cientificamente comprovadas.

Levando em consideração os itens em que respondeu "Não", liste os três principais passos nos quais gostaria de progredir. Você pode começar a sua leitura por qualquer passo, então considere começar por um dos que indicou.

A área de prioridade 1 é o Passo _____ .

A área de prioridade 2 é o Passo _____ .

A área de prioridade 3 é o Passo _____ .

O que você precisa saber sobre os 50% fixos

Embora os oitos passos possibilitem alcançar uma alta performance, é importante entender como os 50% fixos – como sua personalidade – influenciam seus comportamentos e sua performance. Assim, você poderá compreender quais passos lhe serão fáceis e quais exigirão um esforço a mais.

Lembrando que os 50% fixos significam um *potencial* de melhor performance, mas que não a garantem. Por exemplo, se você participar de uma corrida de 100 metros e três outros corredores saírem a dois, cinco e dez metros à frente, cada um deles terá uma vantagem inicial. Após a largada, no entanto, o preparo, a motivação e as habilidades de cada um é que decidirão em que posição cada um chegará e a que velocidade. Se você treinou mais, se alimentou bem e interpretou a estratégia da corrida melhor do que os outros atletas, poderá compensar a vantagem inicial deles e vencê-la.

Sua inteligência, a essência de sua personalidade, seu corpo e seu contexto socioeconômico são os fatores que compõem os incontroláveis 50% fixos.

Sua inteligência

Pode culpar sua mãe e seu pai por isto: cerca de 50% da sua inteligência (medida pelo QI) é herdada, e ela determina em até 25% sua performance.[7] A inteligência é o maior indicador de performance; ela é duas vezes mais poderosa que qualquer outro elemento. O bom é que, se seu QI estiver na faixa média-alta (110 a 119), você provavelmente é suficientemente inteligente para apresentar alta performance em diversas situações. O QI médio dos alunos de pós-graduação, por exemplo, é de 115.[8] Um QI mais alto talvez seja importante se seu trabalho for mais complexo (por exemplo, no caso de um cientista espacial), mas um QI muito alto também pode fazer de você um gestor menos eficiente.[9]

A inteligência está dentro dos 50% fixos porque, quando chegamos ao fim da adolescência, já está em grande parte constituída. É claro que ainda somos capazes de adquirir aprendizado depois dessa fase, mas nosso nível fundamental de inteligência não se altera de maneira significativa. Se você acha que hoje tem mais conhecimento do que quando tinha 18 anos, está certo, mas isso é irrelevante para o que estamos tratando. Imagine o chip de processamento de um computador em comparação ao chip de memória; o primeiro classifica os dados para que a máquina possa cumprir uma tarefa, e pode operar até sua velocidade predefinida, mas não acima dela. Esse chip de processamento é como a sua inteligência – tem uma velocidade máxima na qual pode processar informações. Já o chip de memória de seu computador armazena grandes quantidades de informação, e é possível acrescentar mais chips (mais conhecimento) para aumentar o armazenamento. Esses chips de memória são como seu conhecimento – você pode acrescentar chips ao longo do tempo, mas a velocidade na qual consegue processar informações (sua inteligência) não muda de forma significativa.

A essência de sua personalidade

Outro presente de seus pais é a essência de sua personalidade, que, assim como a inteligência, é cerca de 50% herdada. A essência de sua personalidade é moldada pelo que você viveu até os vinte e poucos anos; ela pode mudar um pouco com o tempo, mas em grande parte já está definida quando você entra no mundo do trabalho.[10]

Eu uso o termo "essência" porque, embora sua personalidade oriente seus comportamentos, ainda é você quem os controla. Por exemplo, alguém que é naturalmente extrovertido escuta, no início de sua carreira, que fala demais nas reuniões de equipe e que precisa dar aos colegas a oportunidade de também participar. Essa pessoa pode corrigir o comportamento apontado, mas isso não transformará a essência de sua personalidade – ela apenas aprendeu a se portar de uma maneira diferente. A essência de sua personalidade – a extroversão, neste caso – significa apenas uma tendência natural a determinado tipo de conduta, e não que a pessoa em questão não é capaz de se comportar de forma diferente. Ou seja, a forma como você *escolhe* se comportar marca a diferença fundamental entre a essência de sua personalidade e a forma como as pessoas o percebem no trabalho.

Seu corpo

Entremos sem rodeios na categoria "injustiça": seu corpo influencia sua capacidade de ser bem-sucedido. Pessoas altas na adolescência ou na idade adulta têm mais apreço social e melhor performance, e ganham de 1% a 2% a mais por centímetro acima da média.[11] Dada essa persistente e bem conhecida relação, alguns cientistas chegaram a sugerir tributar pessoas altas para equilibrar melhor essa disparidade injusta de salário![12]

A beleza também conta, pois pessoas mais atraentes em geral ganham mais e são vistas como mais inteligentes – embora haja pouca relação entre aparência e inteligência.[13] O excesso de peso reduz a probabilidade de contratação e de avaliação como profissional de alta performance.[14] O gênero não afeta as avaliações de performance; as mulheres costumam receber notas um pouco mais altas que os homens, embora recebam aumentos salariais menores.[15] O quesito raça, apesar de declarações positivas e de abundantes investimentos, ainda é questão mundial e persistente, e sua erradicação não se dá em um ritmo satisfatório.

Nenhum dos pontos em relação ao seu corpo é justo, mas lembre-se de que Mahatma Gandhi tinha apenas 1,64 metro e de que o astro de rock Bono Vox tem 1,68. Existe uma relação entre estatura e renda, mas a primeira não prevê perfeitamente a segunda. Cada vez mais mulheres e outras minorias estão (pouco a pouco) ocupando cargos de CEO. Quanto à beleza, as suítes de hotéis de negócios estão cheias de hóspedes de alta performance que jamais sairão na capa de revistas de moda. Portanto, continue lutando contra todos esses preconceitos enquanto trabalha duro para dominar os outros 50% flexíveis e controláveis.

Seu contexto socioeconômico

Seu contexto socioeconômico é um dos maiores indicadores de suas conquistas acadêmicas; ele prevê tanto suas aptidões futuras quanto as faculdades em que você provavelmente entrará.[16] Se você frequentou uma faculdade muito qualificada, provavelmente teve professores melhores, colegas de classe mais inteligentes, além de uma gama maior de oportunidades de trabalho após sua formação, quando comparada à de alguém que frequentou uma de nível mais baixo. Isso é injusto, está fora do seu controle, portanto não vale a pena se preocupar com isso depois do dia da formatura.

Os 50% fixos são poderosos e praticamente imutáveis, mas são responsáveis por, no máximo, 50% de sua performance. Existem centenas de outros obstáculos para a alta performance no trabalho – um chefe ruim, uma economia desfavorável, colegas de trabalho indiferentes, azar –, porém o caminho para ela segue existindo.

Comparando os 50% flexíveis com os 50% fixos, fica claro que você pode controlar uma imensa parcela de sua performance (veja o Quadro 1.1). Se executar bem os oito passos, poderá conquistar uma performance incrivelmente alta no trabalho, superando qualquer desvantagem inicial dos 50% fixos.

Quadro 1.1 Os 50% flexíveis *versus* os 50% fixos

50% flexíveis (variáveis)	50% fixos (invariáveis)
• Como você define metas	• Sua inteligência
• Como você se comporta	• A essência de sua personalidade
• Como você se desenvolve	
• Como você cria uma rede de network	• Seu contexto socioeconômico
• Como você se apresenta	• Sua raça/gênero/aparência física natural
• Como você cuida de seu sono	

Para ter uma alta performance

Outros pontos que você deve considerar em sua jornada rumo à alta performance são: sacrifício e equilíbrio, alto potencial, performance relativa, não depender dos outros e não simplesmente fazer as coisas "do seu jeito".

Sacrifício e equilíbrio

Você só poderá alcançar uma alta performance se tiver uma mentalidade de alta performance. Essa mentalidade é uma vantagem competitiva e tem a ver com autossacrifício e colocar o desempenho profissional acima de tudo. O atual debate sobre a interseção entre atividades relacionadas e não relacionadas ao trabalho coloca em xeque a possibilidade de se "ter tudo". A premissa de que é possível ter tudo é desafiada por qualquer definição típica de "tudo". A busca por uma alta performance implica tentar maximizar seu sucesso no trabalho, o que dificulta a tentativa de fazer o mesmo em qualquer outra atividade que consuma tempo. Você pode fatiar seu gráfico de pizza de tempo do jeito que preferir, mas uma fatia maior para determinada área sempre resulta em uma fatia menor para outra.

Profissionais de alta performance em geral trabalham mais horas que os de performance mediana. A lógica por trás disso é simples. Quando duas pessoas igualmente qualificadas e engajadas realizam uma atividade e uma delas investe 25% mais de tempo em seu desenvolvimento, em geral a que gastou mais tempo produzirá mais resultados.

O tempo adicional investido no trabalho cria um ciclo virtuoso: mais trabalho significa mais aprendizado, o que acarreta mais capacidade e, provavelmente, maior probabilidade de essa pessoa se tornar uma colaboradora melhor. A performance superior decorrente das horas adicionais de trabalho acaba ficando conhecida na empresa, o que leva a mais oportunidades de mostrar suas habilidades. Também é possível que a pessoa fique mais em evidência e que, assim, seja notada por líderes sêniores que a apadrinhem ou se tornem seus mentores. Não há garantias de que essa pessoa será bem-sucedida por dedicar mais horas ao trabalho, mas ela terá mais chances do que aquelas que trabalham menos horas.

Às vezes, escuto pessoas dizerem coisas como: "Eu sou muito eficiente no trabalho. Eu faço em quarenta horas aquilo que os outros fazem em cinquenta". Isso pode ser verdade, mas tem um preço. Quando alguém diz que é mais eficiente, em geral também menciona evitar trocas sociais, como conversar com os outros no intervalo, ou que costuma trabalhar em casa para evitar as distrações do escritório. Embora esses comportamentos possam tornar alguém mais eficiente no período em que está no escritório, prejudicam a construção de relacionamentos importantes de que precisamos para sermos bem-sucedidos e evoluirmos em qualquer empresa.

Além disso, se você realiza a mesma quantidade de trabalho em menos tempo que os colegas, isso não significa que tenha uma alta performance, e sim que é eficiente. Você não está entregando nada além da média, ou seja, é simplesmente um colaborador rápido de performance mediana. Mais horas investidas significam mais tempo que você pode dedicar a todos os passos para a alta performance. É ótimo que você seja eficiente, mas, para ter uma alta performance, é preciso fazer mais e melhor que os outros.

A alta performance no trabalho exige prioridade em relação a outras atividades. Você tem flexibilidade para escolher como e onde aplicar essas horas adicionais, mas, até certo ponto, esse tempo a mais dedicado ao trabalho é um ingrediente essencial da alta performance.

Alta performance não é o mesmo que alto potencial

Muitas pessoas confundem alta performance (fazer seu trabalho excepcionalmente bem hoje) com alto potencial (ser capaz de fazer trabalhos maiores e mais complexos amanhã). Ter uma alta performance é, sim, necessário para que você seja considerado um grande potencial, mas é apenas o primeiro passo. A alta performance de hoje só pressupõe a alta performance de amanhã para situações semelhantes; se você for um ótimo programador hoje, provavelmente será um excelente programador amanhã, e talvez venha a aprender outras linguagens de programação futuramente. No entanto, sua habilidade em programação não pressupõe que você possa gerenciar outros programadores ou liderar uma equipe de arquitetura de TI, ou se destacar em qualquer outra função técnica.

A performance é relativa

O seu próprio desempenho não é o único elemento responsável por uma alta performance; a comparação da sua performance com a dos outros também conta. Suponhamos que você e Susie tenham produtos idênticos e áreas de vendas semelhantes. Você bate 125% da sua meta. Bom trabalho! Entretanto, se Susie bate 150% da mesma meta, você garantiu um ótimo ano de vendas, mas o ano de Susie teve um resultado ainda melhor – a performance dela foi superior. Não estou dizendo que você deve enxergar seus colegas de trabalho como concorrentes, e sim que precisa entender que o padrão de performance é medido pela comparação com os melhores resultados. Você será avaliado não apenas pela sua entrega, mas também em relação ao desempenho dos outros – e essa é uma regra que será válida para a sua vida toda, logo é melhor entendê-la e aceitá-la. Você não precisa ser o melhor em tudo; mas lembre-se de que outra pessoa está tentando ser a melhor naquilo que você faz.

Não depender dos outros

Você pode achar que sua empresa o apoiará e fornecerá orientação e ferramentas para que alcance uma alta performance, ou que pelo menos deveria. Algumas empresas são assim, outras não. Portanto, é uma estratégia arriscada deixar sua performance e seu sucesso nas mãos de seu empregador. Antes de mais nada, antes mesmo de qualquer um dos oito passos deste livro, é fundamental reconhecer que você é o único responsável por sua alta performance.

Esqueça essa história de fazer as coisas "do seu jeito"

Sabe aquela expressão "Você é seu pior inimigo"? Ela resume maravilhosamente bem o fato de que nosso cérebro às vezes trabalha contra a nossa alta performance. A principal função de seu cérebro, depois de garantir que você sobreviva – procure alimento, abrigo e um companheiro –, é trabalhar arduamente para preservar sua autoimagem e autoestima.[17] Na tentativa de preservar sua autoimagem, seu cérebro cria algumas barreiras que são desafiadoras na hora de melhorar sua performance, entre elas:

- **Responsabilizar fatores externos pelo seu fracasso:** temos a tendência de nos creditar nossos sucessos e culpar fatores externos por nossos fracassos. Se você teve um ótimo ano em vendas, é porque fez um esforço significativo e trabalhou muito suas habilidades interpessoais. Se não atingiu as metas de vendas, é porque a área que você atende era ampla demais, ou pequena demais, ou fraca demais, ou muito concorrida. Essa tendência dificulta uma avaliação honesta de nossa performance e comportamentos.[18]
- **Erroneamente atribuir intenção às ações dos outros:** "Mary fez tal coisa para passar uma má impressão a meu respeito na reunião!" Esse é apenas um exemplo de como atribuímos um propósito às ações de outra pessoa, ainda que esta não tenha

sido a intenção dela. É possível que a Mary tenha dito algo na reunião com o único intuito de fundamentar um ponto de vista, sem ter você em mente. Tirar falsas conclusões é um erro fundamental de atribuição; isso pode prejudicar relacionamentos e comprometer a confiança interpessoal que sustenta sua performance.[19]

- **Ignorar informações que podem ajudar sua performance:** se fôssemos seres humanos perfeitamente racionais e quiséssemos melhorar nossa performance, levaríamos cuidadosamente em conta todas as informações que recebemos a respeito dela. No entanto, nosso cérebro por vezes trabalha contra nós mesmos ao buscar informações que reforcem nossa autoimagem e ignorar as que não o fazem. Estamos cercados de informações que podem nos ajudar a ter uma performance melhor, mas, frequentemente, perdemos a oportunidade de ouvi-las e colocá-las em prática. Isso se chama viés de confirmação, uma tendência que pode nos fornecer uma visão bastante imprecisa de nosso comportamento e desempenho e de como os outros nos percebem.[20]

Embora essas tendências possam atrapalhar sua performance, reconhecê-las é um meio de reduzir radicalmente sua influência. Vamos destacar como fazer isso no Passo 2, "Comporte-se de forma a atingir uma alta performance".

Atinja sua máxima performance teórica

Os cientistas que estudam a biomecânica do corpo humano podem nos oferecer uma excelente referência para uma alta performance no trabalho: a máxima performance teórica, que nada mais é do que a quantidade máxima de carga que em tese alguém seria capaz de carregar se sua forma física, nutrição, nível de adrenalina etc. estivessem em perfeita harmonia. É impossível levantar esse peso, mas o que está por trás desse conceito pode ajudar você a entender que sua performance máxima é muito maior que a que apresenta hoje.

Por exemplo, quando uma pessoa comum vai à academia, a maior quantidade de peso que ela pode levantar é cerca de 65% de seu máximo teórico. Atletas treinados normalmente levantam cerca de 80% de seu máximo teórico. Nas Olimpíadas, os halterofilistas atingem em geral 92% ou 93% de seu máximo teórico. Ou seja, um atleta olímpico consegue levantar cerca de 30% a mais que uma pessoa comum, mas – o mais importante – apenas cerca de 15% a mais que outros atletas.[21]

Pense da mesma maneira sobre sua performance no trabalho. Quanto você poderá se aproximar de sua máxima performance teórica se aplicar perfeitamente o conhecimento disponível sobre o desempenho humano? Este livro vai justamente ajudá-lo a, mais do que realizar um grande esforço, atingir sua máxima performance teórica. Ao fim da leitura, você entenderá quais fatores o ajudarão a direcioná-lo a seu máximo teórico e a melhor forma de aplicá-los. Assim como os halterofilistas, você aprenderá que o sucesso não depende apenas de se esforçar mais para levantar uma quantidade maior de peso, mas sim de otimizar cada elemento de sua motivação, mentalidade e capacidade de vencer.

Vamos começar

Agora você conhece os 50% flexíveis que pode controlar, os 50% fixos que não pode e o novo paradigma de máxima performance teórica. Este livro contém orientações e ferramentas práticas – baseadas na ciência – para ajudar você a alcançar novos patamares de performance o mais rápido possível. Os conselhos que você lerá adiante serão muito transparentes: o que funciona, o que não funciona e como aplicar a ciência para obter uma alta performance. É melhor se estarrecer com a realidade agora que perder anos com táticas erradas, ou na empresa errada. Nem todo chefe ou empresa será honesto com você acerca do que é preciso para alcançar uma boa performance no trabalho. Mas eu serei.

PASSO 1

Estabeleça grandes metas

Entregar grandes resultados. Esse é o cerne da alta performance e o passo crítico antes de se preocupar com os próximos sete. A boa notícia é que há uma ciência robusta que nos diz exatamente como fazer isso; os fundamentos não mudam há eras.

Vejamos Michelangelo. Em 1506, o papa Júlio II decidiu encomendar a pintura do teto da Capela Sistina e pediu ao artista que aceitasse esse grande desafio. Michelangelo deveria ter considerado essa tarefa a obra de sua vida, mas não estava interessado. Ele era basicamente escultor, não pintor, e a perspectiva de trabalhar pendurado do teto durante todo o verão romano não o atraía. Na época, ele também estava esculpindo o futuro túmulo daquele mesmo papa, de modo que poderia dizer honestamente a Júlio: "Estou sobrecarregado no momento, mas agradeço por pensar em mim". A questão era que Júlio pagava por boa parte do trabalho de Michelangelo; além disso, o artista era católico devoto, de modo que acabou se sentindo compelido a aceitar o trabalho.

O papa achava que o teto deveria ter grandes imagens dos doze apóstolos, e comunicou a Michelangelo sua visão. Em contrapartida, o artista ofereceu uma visão muito mais grandiosa, que incluía centenas de personagens e imagens poderosas que ilustrariam as principais histórias do Velho e do Novo Testamento. E assim convenceu Júlio de que essa visão mais ousada e arriscada atingiria o objetivo original, mas com resultados muito superiores. E logo começou a pintar (de pé, e não deitado, como reza a lenda).

Embora o conhecimento bíblico de Michelangelo fosse extenso o bastante para facilmente guiar sua pintura, ele convidou um famoso teólogo, o frade agostiniano Egídio de Viterbo, para ser seu consultor. O resultado, como já sabemos, foi impressionante não apenas para Michelangelo e Júlio, mas para as centenas de milhões de pessoas que já viram o teto da Capela Sistina desde que foi concluído, em 1511.

Mais de quinhentos anos após a experiência de Michelangelo com seu chefe Júlio II na Capela Sistina, a fórmula para entregar grandes resultados por meio de metas e coaching continua a mesma. Os objetivos de Michelangelo foram:

- **Alinhamento:** Júlio deu a Michelangelo uma meta inicial para o projeto do teto da Capela Sistina. Michelangelo concordou com a meta básica, mas

sugeriu outra maneira de realizá-la, de acordo com seu conhecimento e perícia únicos. Havia instruções de cima para baixo e sintonia fina de baixo para cima.
- **Comprometimento:** Michelangelo disse a Júlio que tinha muitas outras prioridades no momento. Em vez de entrar na lista de tarefas, Júlio fez do teto da Capela Sistina a meta principal do artista. O papa reconheceu que uma grande performance exigia que Michelangelo se concentrasse nas coisas imprescindíveis e que se comprometesse totalmente com elas.
- **Ampliação:** ainda que Michelangelo tivesse uma formidável habilidade como pintor, criar uma obra-prima no teto da Capela Sistina foi uma demanda enorme e arriscada. As chances de dar errado e de manchar sua imagem eram grandes. Enquanto Júlio estabeleceu uma meta clara, a visão de Michelangelo elevou a meta "pintar o teto da capela" a outro patamar.
- **Foco:** Júlio e Michelangelo entraram em acordo em relação a uma meta específica, importante e mensurável: pintar uma obra-prima no teto da Capela Sistina. A meta criou um foco primordial: entregar uma obra-prima, de modo que Michelangelo pertinentemente ignorou todas as subtarefas necessárias para atingir a meta.

Michelangelo também reconheceu que um bom coach poderia ajudá-lo a atingir resultados superiores.

Ele era um profundo conhecedor da Bíblia e poderia ter simplesmente aplicado seu conhecimento ao teto da capela de acordo com sua visão dos personagens e das histórias bíblicas. Em vez disso, recorreu ao coaching e à orientação de outras pessoas que conheciam bem o assunto.

Por que isso é importante

Michelangelo poderia ter feito uma pintura muito bonita e que atendesse aos objetivos de Júlio, mas que jamais seria considerada grande arte. Ele poderia ter reclamado que sua agenda estava cheia ou das condições desagradáveis de trabalho, ou dito que pintura não era sua expertise. Poderia ter retratado sua visão pessoal, em vez de procurar um perito para orientá-lo. Sem saber, ao ir contra seus instintos naturais, Michelangelo se tornou um estudo de caso sobre como entregar melhores resultados estabelecendo grandes metas.

Metas maiores, focadas nos elementos certos, permitem que você apresente uma performance melhor. Grandes metas também testam suas habilidades e aumentam sua confiança na capacidade de entregar grandes resultados no futuro. E, como metas maiores são também mais desafiadoras, você é compelido a criar novas habilidades e recursos para alcançá-las. Dessa maneira, você cresce mais rápido que pessoas com metas menos desafiadoras. O primeiro passo para a alta performance é estabelecer grandes metas.

O que já sabemos

Durante anos, cientistas estudaram as razões por trás das realizações humanas, e os resultados a que chegaram são surpreendentes e podem melhorar diretamente nossa performance. No cerne desse conhecimento científico está a motivação – o impulso que nos faz buscar realizações. Nós nos motivamos porque gostamos daquilo que fazemos (motivação intrínseca) e/ou porque valorizamos o que podemos ganhar ao completar determinada tarefa (motivação extrínseca). As metas por si sós podem ser motivadoras e ajudá-lo a executá-las de forma produtiva.[1] Os 50% fixos podem influenciar a definição de metas, pois pessoas com certas características de personalidade são mais motivadas, mas quem controla seu planejamento, esforço e execução é você.[2]

A ciência conclusiva sobre estabelecimento de metas diz:

- **Metas são importantes:** é um fato científico fundamental que metas melhoram a performance. Quando você tem objetivos específicos, apresenta uma performance superior à que apresentaria caso apenas se empenhasse em realizar alguma coisa. Imagine uma situação na qual sua gestora mande você e um colega igualmente capaz venderem determinado produto. Ela diz a seu colega para vender o máximo possível do produto. Já para você, ela dá uma meta (alta) de vendas, um valor específico. A ciência diz que sua meta definida criará o foco e a motivação para produzir resultados maiores que os de alguém que simplesmente tenta dar "o seu melhor". Pessoas com metas estabelecidas quase sempre superam aquelas que não têm objetivos claros para a mesma tarefa.[3]

- **Metas maiores aumentam os resultados:** metas maiores nos motivam a gerar resultados maiores, já que, como humanos, somos programados a dedicar mais esforço a demandas que nos desafiem. Se eu o desafiar a dar um pulo de trinta centímetros, você vai tentar. Se eu disser para dar um pulo de sessenta centímetros, você vai tentar, mesmo achando que não conseguirá. E, quanto mais motivado estiver, mais próximo chegará de sua performance máxima teórica. Você só vai parar de tentar quando a recompensa deixar de ser motivadora, ou quando estiver fisicamente exaurido. O princípio da máxima performance teórica sugere que você pode realizar entre 20% e 40% acima do que normalmente entrega.[4]
- **Menos metas significam maior realização:** esta é uma conclusão poderosa. Para fins de uma performance mais eficaz, é melhor ter poucas metas do que muitas. O poder das metas vem da capacidade que elas têm de fazer você se concentrar e de motivá-lo, e ter muitas metas faz que você perca esse foco. Segundo a ciência, nos esforçamos menos a cada meta adicional que estabelecemos, o que significa que ter muitas metas não é ambicioso, e sim contraproducente.[5]

Fazer três coisas extremamente bem é melhor que se esforçar para realizar seis, oito ou doze.

- **Coaching para o futuro:** coaching combina feedback com orientação – ele mostra o que você está fazendo hoje e como pode executar melhor amanhã. Segundo a ciência, o feedback aumenta a performance, e os melhores resultados surgem quando esse feedback é sobre atividades, e não sobre comportamentos. Também costumamos responder melhor a feedbacks que não conflitam com nossa autoimagem; então é mais provável que uma orientação que olhe para o futuro ("Você poderia fazer de tal maneira"), em vez de uma avaliação retrospectiva ("Você não fez um bom trabalho"), estimule mais as mudanças que melhoram a performance.[6] Haverá muito mais conteúdo sobre como receber e dar um ótimo coaching no Passo 2, "Comporte-se de forma a atingir uma alta performance".

O que fazer

Estabelecer grandes metas garante que os resultados que você pretende entregar sejam suficientemente relevantes a ponto de interessar outras pessoas. Estabelecer uma menor quantidade de grandes metas não significa que você deve negligenciar tarefas importantes ou trabalhar menos no geral, e sim que você sabe identificar quais empreitadas agregam mais valor à sua empresa. A mentalidade de "menor quantidade e maior qualidade" também é o que separa pessoas de alta performance daquelas que querem apenas cumprir com o mínimo de seu trabalho. Pessoas de alta performance desejam uma superação significativa nas áreas mais importantes para a empresa – elas prometem muito e entregam muito. A tentativa de superação também carrega com ela um risco maior de fracasso, mas, sem correr riscos, você nunca atingirá a alta performance.

É comum pessoas adotarem metas como parte do processo de gestão de performance da empresa. Para o estabelecimento de objetivos, talvez você precise levar em conta a abordagem de sua empresa; talvez seu gestor ajude a estabelecer suas metas; talvez você dependa de uma solução tecnológica específica, e assim por diante. Meu aconselhamento leva essas adversidades em consideração. E, caso você não esteja em um ambiente corporativo e não precise lidar com obstáculos como esses, o conselho ainda se aplica; e você evita a burocracia corporativa, que às vezes torna o estabelecimento de metas um pouco chato.

Existe um processo simples para estabelecer metas que impulsionem a alta performance – alinhamento, comprometimento, ampliação e foco (veja a Figura 1.1).

Figura 1.1 Como estabelecer grandes metas

Alinhamento ▶	Comprometimento ▶	Ampliação ▶	Foco
Assegure um alinhamento ascendente	Com poucas tarefas (3) priorizadas	Máxima extensão para todas	SIMples*

---

* Este acrônimo será explicado pelo autor mais adiante. [N. T.]

Alinhamento

Você só poderá alcançar uma alta performance se trabalhar naquilo que sua empresa mais valoriza. Portanto, precisa entender quais metas – empresariais ou departamentais – são mais importantes. Em algumas empresas, as metas são transmitidas do topo da companhia, ou do departamento, para baixo. Nesse caso, obter orientação pode ser muito simples, como: "É especificamente nisto que você precisa trabalhar". Agora, se suas instruções não forem claras, tente seguir os seguintes conselhos para conseguir o alinhamento correto:

- **Pergunte** – Pergunte a seu gestor: "Com base nas prioridades do departamento e da empresa, onde devo concentrar meus esforços no próximo ano (ou trimestre)?". Ou: "Quais são as três coisas mais importantes que você gostaria que eu realizasse no próximo ano?". Você também pode apelar para o interesse do próprio gestor: "Em qual de suas metas eu poderia ajudá-lo e como?".
- **Pesquise** – Reveja a estratégia de sua empresa, departamento ou função. Identifique, de acordo com sua função, três possibilidades relevantes que você pode oferecer para ter mais chances de alcançar a estratégia. Se documentos sobre a estratégia não forem de fácil acesso, analise os relatórios de relação com os investidores de sua empresa ou o tópico "sobre nós" do site da companhia. Quase sempre há uma apresentação executiva que descreve as

prioridades do ano corrente. Você também pode considerar aquilo que ouvir de sua equipe, departamento ou do líder da empresa.

Confira com seu gestor se as conclusões a que você chegou em relação à segunda opção estão corretas, para garantir que suas metas individuais estão alinhadas com a estratégia da companhia.

Comprometimento

Uma nova forma de pensar é o ponto de partida primordial para estabelecer metas mais ousadas. Livre-se das antigas certezas sobre a melhor forma de escolher uma meta. Pergunte-se: "Quais são as três grandes promessas que farei para minha empresa este ano?". Esse novo viés faz você se concentrar não mais nas coisas que precisa fazer, mas no que de fato entregará como resultado. Dessa forma, você não estará apenas destacando algumas de suas responsabilidades e chamando-as de metas, mas se comprometendo a entregar resultados maiores nas áreas consideradas mais importantes por seu gestor, departamento e empresa.

Usar a palavra "promessa" em vez de "meta" pode soar como um mero jogo de palavras, mas essa mudança de linguagem aumenta a seriedade e o comprometimento emocional em relação ao que você declara. Há uma diferença entre dizer que sua meta é concluir um projeto até setembro e prometer que de fato concluirá o projeto até setembro.

Três grandes promessas

Em muitas empresas, os colaboradores estabelecem um número de metas muito maior que o número de coisas realmente importantes que precisam realizar. Por vezes essa é uma questão do gestor, que gosta de ser reconhecido por dar atenção aos detalhes, ou que acredita que o estabelecimento de metas é um estilo de gerência, o que pode prejudicar a performance de muitas pessoas, por tornar certos processos desnecessariamente mais complexos. E o que a ciência diz é que ter foco é importante; uma longa lista de metas ofusca as mais importantes, e a identificação de onde concentrar seus esforços se torna um desafio.

Veja as três metas a seguir:

- Lançar um novo sistema de gestão de relacionamento com os clientes com 90% de satisfação do usuário.
- Abrir um escritório em Gurgaon, na Índia, e trabalhar com talentos de alta performance.
- Diminuir os defeitos de produção em 10%.

Essas poderiam ser metas que você normalmente incluiria em uma longa lista de objetivos. Mas, em um ambiente que preza por "menor quantidade e maior qualidade", essas três promessas, se identificadas como as mais importantes para este ano ou trimestre, seriam as únicas permitidas. Você ainda teria dezenas de outras tarefas a realizar durante o ano, mas cumprir essas três promessas seria uma contribuição maior do que qualquer outra. É claro que você poderia acrescentar outra meta à lista, mas não antes de uma dessas três ser removida.

Além disso, esses breves tópicos representam a meta em sua totalidade. Eles não trazem subtópicos descrevendo as quinze outras tarefas que são necessárias para atingi-la. A intenção aqui é cumprir a promessa que fez, não receber crédito por realizar atividades que contribuam para essa meta. Ou você atinge a meta ou não atinge.

Muitos líderes apresentam uma performance abaixo do esperado por estabelecerem metas demais – muitas das quais são pequenas e acabam não sendo prioridade. Duas táticas seguras para definir menos metas são (1) incorporar atividades dentro das promessas maiores e (2) priorizar promessas.

Incorpore atividades às promessas

Ao elencar um conjunto de metas, você perceberá que pelo menos algumas delas parecerão mais uma atividade. Talvez estejam incluídos itens como "contratar um novo programador de Ruby on Rails", ou "contratar um novo fornecedor de farinha sem glúten". Ambas são atividades importantes, mas são realmente as grandes promessas feitas à empresa para melhorar sua performance?

A verdadeira grande promessa para esse primeiro caso poderia ser "lançar o novo aplicativo XYZ no terceiro trimestre" – e para isso seria importante ter na equipe um programador de Ruby on Rails, mas essa contratação não é significativa o bastante para ser considerada uma meta. A promessa para o segundo caso poderia ser "lançar novos pães sem glúten até 1º de junho". A farinha sem glúten é um ingrediente essencial desse tipo de pão, mas arranjar um novo fornecedor apenas contribui para a possibilidade de lançar o produto. Você não deverá ser recompensado por dar um passo em direção à meta, mesmo que esse passo economize dinheiro ou tempo.

A boa notícia é que as atividades que normalmente listamos como metas são uma grande fonte de matéria-prima para delinear as promessas maiores. Sua oportunidade está em transformar essa matéria-prima em algo que fará uma diferença significativa para sua empresa.

Priorize promessas

Ainda que você (ou seu chefe) considere todas as suas metas importantes, umas são sempre mais importantes que outras. Para identificar as promessas prioritárias, comece revisando as metas de sua empresa ou departamento. Leia essas metas e analise sua lista de promessas. Qual das suas promessas tem mais potencial de avançar significativamente em prol de uma das metas da companhia? Um jeito fácil de encontrar a resposta é listar todas as suas metas em ordem de impacto: das mais às menos importantes. Esse tipo de lista é um exercício útil em qualquer situação em que você se veja obrigado a optar por uma entre diversas coisas valiosas. Basta listar as metas em ordem de importância, de acordo com o critério que preferir: impacto nos negócios, prioridades do departamento, solicitações do gestor, e assim por diante. Ao concluir a lista, suas promessas prioritárias ficarão claras.

Ampliação

Para se aproximar de sua máxima performance teórica, você precisa ampliar o que promete. Lembre-se: a ciência constatou que metas maiores geram resultados maiores, portanto, aumentar a dificuldade de suas metas deve ajudá-lo a melhorar sua performance. Além disso, grandes desafios o ajudarão a crescer, pois você terá que aprender novas formas de realizar as tarefas necessárias para conquistar suas maiores metas.

Mas "maiores" não quer dizer irrealistas ou inatingíveis, e sim que você descobriu como aprimorar sua promessa de alguma destas formas:

- **Mais rapidamente:** Você terminará o projeto antes, o processo será executado mais depressa ou o ciclo de vendas ficará mais curto do que antes.
- **Mais qualidade:** Você reduzirá a quantidade de defeitos, aumentará o número de clientes satisfeitos ou melhorará a aparência ou a impressão do produto a ponto de conquistar uma posição entre os melhores do mundo nessa atividade.
- **Melhor custo:** Você comercializará um produto ou serviço por um valor maior ou reduzirá o custo de produção.
- **Maior quantidade:** Você irá vender, produzir ou entregar mais de um produto ou serviço.

A pergunta que fica é: quanto você vai ampliar cada um desses elementos? Comece se perguntando o que seria necessário para ser 20% melhor em qualquer um desses itens. Se esse valor for inviável, tente 15%. A diferença deve ser grande o bastante para que sua performance seja significativamente melhor que a dos outros e notada por aqueles para quem esses resultados importam. Eis uma ótima medida para avaliar se uma meta é grande: ela deve lhe causar alguma apreensão em relação a sua capacidade de atingi-la.

Foco

Agora que você tem poucas, grandes e alinhadas metas, é hora de anotá-las para mostrar resumidamente a seu gestor quais promessas você pretende cumprir – esta etapa pode parecer fácil, mas a maioria das pessoas fracassa ao ser muito prolixa, complexa e vaga. No livro *One Page Talent Management*, para que a definição de metas fosse mais fácil e mais focada, eu introduzi o conceito de meta SIMples, que significa:

- **Sucinta:** descreva sua promessa em dez palavras ou menos. "Concluir o lançamento do produto tal até 1º de fevereiro" ou "Reduzir o tempo do ciclo da máquina em 20%". Lembre-se: cada uma dessas afirmações é a meta em sua totalidade; não pode haver dez tópicos abaixo elencando as submetas.
- **Importante:** todas as suas promessas devem visar às metas mais importantes da empresa. Não inclua em sua lista metas triviais nem grandes tarefas; se você se limitar a três metas, será muito mais fácil

se assegurar de que cada uma delas seja importante para a empresa.
- **Mensurável:** é preciso encontrar uma maneira de avaliar se você atingiu, ultrapassou ou ficou aquém da meta. Os objetivos quantitativos são os mais fáceis de mensurar, mas muitas pessoas trabalham em projetos ou processos para os quais a melhor medida é a qualidade ou a receptividade do resultado. Nesse caso, a mensuração pode ser feita a partir da aceitação do cliente, do número de vendas, da avaliação de seu gestor, da pontualidade, da entrega bem-sucedida dos resultados, e assim por diante.

Faça coaching

Com uma menor quantidade de metas maiores, alinhadas e bem descritas, você pode se considerar em condições de entregar ótimos resultados. Esse processo pode ser mais fácil se você receber orientações claras e críticas honestas para trabalhar na conquista dessas metas. Um coaching ideal é como as instruções de um aplicativo de GPS: ele o avisa antes que será preciso pegar uma saída, para que você se prepare. E, se errar, ele passará novas orientações para voltar ao caminho correto. Ou seja, você não deve esperar por um fluxo constante de informação, mas instruções certeiras nos momentos realmente necessários.

Talvez você tenha uma gestora que seja uma ótima coach para sua performance, estando presente com regularidade, fornecendo orientações transparentes e o incentivando ao perceber progressos. Porém, se este não for o seu caso, você pode pedir a seu gestor uma abordagem de coaching extraordinariamente simples: o coaching 2 + 2, que criei para facilitar a obtenção de conselhos regulares, específicos e úteis para a melhora da performance. É um treinamento que oferece correção e orientação suficientes para garantir que você esteja no caminho certo para atingir sua meta. É fácil de aplicar, não oferece riscos para seu gestor e funciona tão bem que algumas das maiores empresas do mundo o usam para treinar seus colaboradores.

No coaching 2 + 2, você pede a seu gestor que gaste quinze minutos (ou mais, se você ou ele preferir) a cada três meses para uma conversa que inclua dois tópicos:

- **Dois comentários sobre sua evolução em suas promessas:** Não são dois comentários sobre cada uma de suas três promessas, e sim dois comentários para todas elas. Quais são as observações ou conselhos mais importantes que ele tem para você? Poderia ser, por exemplo: "Rajan, o lançamento do novo sabonete para as mãos parece estar indo muito bem. Estamos adiantados e a equipe do projeto comentou que você é um líder forte e inspirador. Bom trabalho! Já a estratégia de marketing, tendo em vista sua evolução, parece não estar sendo sua prioridade, embora seja uma de suas três promessas. Eu gostaria de ver um esboço dela dentro de trinta dias. Diga-me como posso ajudá-lo com isso".

O objetivo dos comentários é assegurar que você e seu gestor tenham percepções alinhadas em relação a sua evolução.

- **Dois comentários "prospectivos" para melhorar sua performance ou comportamento:** normalmente, achamos que o feedback é o melhor recurso para evoluirmos; no entanto, a ciência atesta que nosso cérebro com frequência rejeita o feedback[7] que não reafirme nossa autoimagem. A "avaliação prospectiva" fornece exatamente o mesmo direcionamento que o feedback, mas sem a crítica retrospectiva.[8] Para comparar as duas abordagens, digamos que o feedback possa ser: "Suzie, sua apresentação na reunião de equipe executiva semana passada foi muito longa. Você poderia, por favor, ser mais breve na próxima?". Como não é possível mudar o que foi feito no passado, a crítica pode ser frustrante e Suzie talvez não consiga melhorar seu comportamento. Já uma avaliação prospectiva 2 + 2 de seu gestor seria: "Suzie, a equipe executiva pediu que as apresentações da próxima reunião sejam breves e focadas apenas nos pontos mais importantes. Quando for se preparar para a reunião da semana que vem, certifique-se de que sua apresentação trate logo de início dos temas principais e que seja concluída em dez minutos". Ao escutar uma avaliação prospectiva, você obtém orientações específicas sobre como melhorar, mas sem receber críticas por coisas que já passaram. Você aprenderá mais sobre a técnica de avaliação prospectiva no Passo 2, "Comporte-se de forma a atingir uma alta performance".

Você pode sugerir a seu gestor que use o coaching 2 + 2 ou então marcar reuniões trimestrais com ele, para levantar essas questões.

Resumindo

A alta performance começa com a entrega de ótimos resultados guiados por grandes metas e coaching franco. Grandes metas criam foco e motivação. O coaching garante que você esteja no caminho mais curto para o sucesso. O estabelecimento de grandes metas e o coaching são também ótimas ferramentas para fazê-lo reconhecer que precisa ter responsabilidade pessoal para fazer as duas coisas bem-feitas. Seu gestor pode não ser especialista nessas atividades, mas isso não deve impedir que você conquiste uma alta performance.

Agora que tem as metas certas e um plano de coaching, você está no caminho para uma melhor performance. Chegou a hora de dar o segundo passo para construir comportamentos que diferenciam os grandes dos meramente bons.

O que pode atrapalhar

- **Meu gestor é quem define minhas metas. Como posso controlar melhor o processo?**
  Analise essas metas e sugira alterações a seu gestor

se elas não forem poucas, grandes e alinhadas, ou se não atenderem aos critérios SIMples.
- **Meu trabalho é rotineiro. Eu faço as mesmas coisas todos os dias. Como posso estabelecer uma meta para melhorar o que já entrego?** Em qualquer trabalho, você pode melhorar o custo, a qualidade ou a velocidade do que já faz. Se você faz análises e gera relatórios, é possível fazer isso com mais agilidade ou entregá-los com informações mais relevantes? Se você é recepcionista, liste as cinco coisas que faz na maioria dos dias e escolha qual delas pode melhorar. Tudo o que você faz pode ser aperfeiçoado.
- **Meu gestor insiste que eu tenha mais de três metas.** Isso é muito comum. Ele pode estar entendendo por metas o que na verdade é gestão de projetos. Diga a ele que você quer focar nas coisas mais importantes, mostre-lhe as três metas que você julga mais relevantes e veja se ele concorda. Mesmo que você tenha que listar cinco, oito, dez ou mais metas como parte do processo de sua empresa, você ao menos identificará quais delas são mais importantes.
- **Meu gestor não entende de estabelecimento de metas.** A maioria dos gestores não entende, porque em geral eles só o fazem uma vez por ano (e a maior parte deles nunca aprendeu o método adequado de estabelecimento de metas). Compartilhe este livro, ou seus princípios fundamentais, com ele e diga que há mais recursos em http://somos.in/8PAP1.

- **Como receberei crédito por meu trabalho do dia a dia se ele não é um dos meus objetivos?** A recompensa por seu trabalho do dia a dia é o seu salário. Metas existem para que você concentre seus esforços e energia para alcançar algo maior e além do que normalmente já faz.
- **Minhas metas mudam muito ao longo do ano. É difícil identificar a que devo me dedicar.** Embora não seja incomum mudar as prioridades para, ocasionalmente, mudar seu foco, se suas metas sofrem alteração a cada trimestre, provavelmente são muito baixas. Verifique se elas atendem aos fundamentos de estabelecimento de grandes promessas ou se parecem mais com atividades, afinal promessas não devem ser mudadas com muita frequência, ainda que algumas das táticas necessárias para realizá-las mudem.
- **E se eu estabelecer grandes metas e fracassar?** É aí que pessoas de alta performance se distinguem das demais. Profissionais de alta performance se dispõem a correr determinados riscos para provar que podem superá-los. Ocasionalmente você não conseguirá alcançar algum objetivo, mas conforme obtiver uma quantidade maior de resultados excelentes, superando seus pares, é questão de tempo ser reconhecido como um colaborador de alta performance.

Recorde e aplique

A ciência conclusiva afirma que:

- Metas são importantes. Ao estabelecê-las, você melhorará sua performance.
- Estabelecer poucas, porém grandes, metas irá melhorar sua performance e o ajudará a se concentrar no que realmente importa.
- Faça coaching de avaliação prospectiva regularmente para que você oriente seus esforços na direção certa.

Você deve:

- Definir as três grandes promessas que o destacarão como um profissional de alta performance.
- Eliminar atividades de suas metas, transferindo-as para um plano de projeto.
- Pedir a seu gestor que o coaching 2 + 2 seja feito com regularidade, para garantir que você esteja no caminho da alta performance em suas metas.

Tente usar:

- Exercício de definição de metas (veja mais informações no Apêndice).

PASSO 2

Comporte-se de forma a atingir uma alta performance

Existem por aí muitas informações não confiáveis, sabedoria popular e conselhos sobre que comportamentos podem fazer alguém conquistar uma alta performance. Um dos maiores mitos é o de que ter boas "atitudes de liderança" é o que mais importa. No entanto, a ciência, a prática e a história de dois visionários do Vale do Silício nos contam um caso com mais nuances.

O conto de dois fundadores

Em 2000, o Yahoo! tinha seis anos de idade e era um dos portais de internet mais populares do mundo, avaliado em 125 bilhões de dólares. Fundado em 1994 pelos alunos de Stanford Jerry Yang e David Filo como um guia para seus sites favoritos, rapidamente se transformou em uma porta de entrada essencial para a internet. O ambiente de mecanismos de busca era competitivo, mas o Yahoo!

estava bem posicionado, bem provido de funcionários e bem financiado para vencer. O Google tinha então apenas dezoito meses de idade.

O cofundador Jerry Yang era geralmente descrito como um "cara legal", que chorou quando precisou anunciar a primeira leva de demissões da empresa, que era calado e muito leal a seus companheiros do Yahoo!. Não há problema algum em ser rotulado de "legal", mas, no caso de Jerry, isso era feito com desdém, e não como um elogio. Referindo-se à resistência de Yang em lutar contra o Google, o bilionário empreendedor Mark Cuban disse: "Jerry é um cara muito legal. Ele se importa demais com os outros. Mas às vezes, quando um concorrente como o Google aparece, é preciso ser impiedoso e severo".[1] E ele não foi o único a fazer comentários desse tipo sobre o estilo de Yang.[2]

Naquele mesmo ano, o renascimento da Apple Computer estava a pleno vapor, com o fortalecimento das vendas graças ao iMac de cores vivas, fazendo a empresa despontar como uma grande potência em design e tecnologia. O preço das ações da Apple, liderada por Steve Jobs, fundador e novamente CEO, subiu mais de 300% desde o lançamento do iMac e mais de 1.000% desde o retorno de Jobs à empresa, em 1997. A Apple estava a postos, mas o sucesso não era garantido. No final de 2000, alguns equívocos em relação aos preços praticados pela empresa combinados a uma desaceleração geral do mercado de tecnologia levaram a Apple ao primeiro trimestre sem lucros em três anos.

Os colaboradores da empresa achavam que Jobs era um líder temperamental, exigente, abusivo e manipulador. Ele usava palavrões para enfatizar seus pontos de vista e frequentemente fazia seus colaboradores chorarem. "Steve Jobs não era caloroso e afável... Ele não foi o maior gestor do mundo – na verdade, talvez tenha sido um dos piores", disse Walter Isaacson, seu biógrafo.[3]

Dez anos mais tarde, Jobs dirigia uma empresa que havia redefinido como as pessoas interagem com a tecnologia, ouvem música e acessam informações. Ele se transformou em um CEO icônico e, provavelmente, no maior empresário de sua geração. Em 2018 – oito anos após a morte de Jobs em decorrência de um câncer de pâncreas –, o valor de mercado da Apple superava 900 bilhões de dólares; era a empresa de capital aberto mais valiosa do mundo.

No Yahoo!, Yang pagou o preço por ser legal. Um informe de 2008, que discutia o futuro do Yahoo!, dizia: "Pré-requisito para o novo CEO, seja quem ele ou ela for: saber fazer demissões. Mais especificamente, tomar as decisões difíceis que Jerry não quis tomar por ser muito ligado à empresa e ser um cara legal demais". O conselho do Yahoo! destituiu Yang do cargo de CEO naquele ano, e ele ocupou a posição de membro do conselho de diretores até 2012, quando deixou a empresa, desmoralizado por ter recusado, em 2008, uma oferta de compra da Microsoft 62% maior do que preço de mercado do Yahoo!. Em 2017, a Verizon comprou o Yahoo! por 4,5 bilhões de dólares, apenas 10% do valor oferecido pela Microsoft nove anos antes, e cerca de 0,5% do valor de mercado da Apple.[4]

Vendo esses dois casos, não é fácil saber com certeza se foi a gentileza de Yang ou a dureza de Jobs o fator que influenciou o rumo que suas empresas seguiram, mas levanta uma questão importante e frequente: são as pessoas legais ou seus implacáveis oponentes que conquistam o primeiro lugar? A ciência diz que não faz mal ser legal, porém não há garantias de que você será mais bem-sucedido se se comportar como um estereotípico líder bonzinho, ou que sairá prejudicado se atuar de forma mais agressiva.

Por que isso é importante

O seu comportamento pode destacá-lo como um profissional de alta performance, pois a forma como se comporta pode provar que você é capaz de ir além, em vez de apenas executar tarefas. Seu comportamento é responsável por 15% a 40% de sua performance total, dependendo de sua função.[5]

As empresas também entendem que o comportamento é um fator importante – 86% delas avaliam as condutas de seus colaboradores no processo de gestão de performance.[6] O comportamento pode ou não impulsionar a performance, mas ele é um indicador daquilo a que seus líderes dão atenção. E o mais importante: saiba que todos com quem trabalha avaliam seu comportamento diariamente e interagem com você com base nessas impressões. A maneira como seus pares percebem seu comportamento alimenta as fofocas do escritório e influencia sua performance, seu network, sua imagem e, por fim, seu sucesso.

Profissionais de alta performance trabalham duro para identificar seus comportamentos mais produtivos, aprender novas condutas, quando necessário, e evitar aquelas menos úteis.

Porém, com o bombardeio de livros, consultores, blogs e webinars que alegam deter os conselhos sobre como realmente se comportam as pessoas bem-sucedidas, torna-se um desafio identificar as condutas que de fato interessam. Você tem sorte de poder contar com fortes evidências científicas para distinguir quais comportamentos farão de você um grande líder, capaz de inspirar mudanças ou gerar grandes resultados.

O problema é que aquilo que faz você ser bem-sucedido em um aspecto pode torná-lo menos bem-sucedido em outro. É por isso que o Passo 2 rumo à alta performance é entender como você se comporta hoje e quais comportamentos podem levá-lo ao sucesso amanhã.

Como funciona

Segundo a ciência sobre como o comportamento impulsiona a performance, você se sairá melhor se:

- **Conhecer a si mesmo:** entender a forma como costuma se comportar e como ela afeta a sua performance.[7]
- **Escolher os comportamentos certos:** identificar quais comportamentos têm mais probabilidade de fazê-lo ter uma alta performance.[8]

- **Adaptar-se rapidamente:** aprender com rapidez e naturalidade a apresentar os comportamentos que impulsionam sua performance.[9]

Conhecer a si mesmo

Seu comportamento é uma combinação de como sua personalidade o impele a tomar atitudes e de como você escolhe de fato agir – ou seja, sua personalidade exerce forte influência sobre suas atitudes, mas não detém controle sobre elas. Com o tempo, você vai aprender a apresentar comportamentos que impulsionarão uma melhor performance e que o tornarão um colega ou gestor melhor, ainda que eles não sejam exatamente compatíveis com a essência de sua personalidade. Quando as pessoas interagem com você, elas veem uma mistura dos comportamentos que sua personalidade quer que mostre e aqueles que você conscientemente escolhe expressar (veja a Figura 2.1).

Se estiver achando essa ideia confusa, façamos um paralelo entre sua personalidade e seu cabelo natural: você nasceu com cabelo de determinada cor e espessura, que naturalmente tem determinado aspecto. Assim como sua personalidade, seu cabelo natural é cerca de 50% herdado de seus pais, e essa influência afeta a aparência dele.[10] No entanto, conforme você crescia, tomou decisões que mudaram a cor, o comprimento ou o estilo de suas madeixas. Talvez hoje você gaste muito tempo e energia para deixá-las diferentes de seu estado natural – ainda assim, mesmo que você tenha escolhido exibir uma versão estilizada dele, ele não deixou de ser seu cabelo.

Figura 2.1 Como os outros o veem

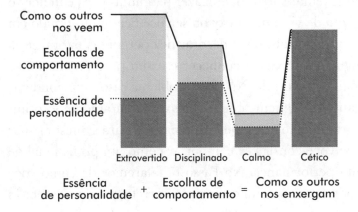

Essa versão estilizada de seu cabelo representa a imagem que você quer que os outros tenham de você. E ela também não é o seu natural. Se lavar o cabelo, abandonar o gel ou a tintura, o "natural" voltará à tona. Sua personalidade e os comportamentos funcionam da mesma maneira. A personalidade é, em grande parte, definida no fim da adolescência, e sempre será algo que exercerá forte influência na maneira como se comporta.[11] No entanto, você pode estilizar seus comportamentos da maneira que preferir para apresentar a imagem que deseja. É por isso que os profissionais da área de psicologia da personalidade riem ao ouvir pessoas dizerem: "Não consigo mudar; é assim que eu sou".

O ponto mais importante do Passo 2 é você entender que controla seus comportamentos. Por exemplo, se costuma ficar um pouco impaciente em reuniões, em vez de reagir imediatamente aos comentários expostos, pode tentar sorrir mais e fazer perguntas para entender o ponto de vista do outro; ou se você fica muito tímido em eventos sociais, pode decorar dez perguntas para fazer a alguém que vier a conhecer e assim parecer um pouco mais extrovertido. Não tem problema caso essas condutas não representem quem você verdadeiramente é; o importante não é agir de forma natural para si mesmo, mas que você consiga se comportar como um profissional de alta performance. No Passo 6, falaremos de como você pode fingir o comportamento correto, e sobre como, às vezes, é mais importante fingir direito do que ser autêntico. Pessoas de alta performance sabem que diferentes características de sua personalidade influenciam de maneiras distintas determinados comportamentos.

Não é preciso ser um especialista em personalidade para conquistar uma alta performance, mas é útil saber que sua personalidade é composta de cinco fatores, chamados de Big 5 (em português, "Cinco Grandes"), e que alguns são muito mais importantes para a performance que outros. Os Big 5 são a base – exaustivamente testada e comprovada – do que a ciência conhece sobre personalidade. A Tabela 2.1 mostra esses cinco fatores e o quanto a ciência acredita que cada um deles influencia sua performance no trabalho.

Tabela 2.1 Big 5: seus cinco fatores de personalidade

Os cinco grandes fatores de personalidade	Características do fator – quanto mais características apresentar, mais comportamentos de cada fator você exibirá*	Importância do fator para a alta performance no trabalho
Conscienciosidade	Confiável, meticuloso, trabalhador, obstinado, organizado, planejador	Moderada, em todos os trabalhos
Neuroticismo	Calmo, firme, confiante, baixo nível de ansiedade, otimista	Baixa, em todos os trabalhos
Extroversão	Sociável, falante, assertivo, ativo, ambicioso	Baixa, colaborando especialmente na área de vendas e em funções de atendimento ao cliente. Impacto incerto em papéis de gestão
Socialização	Amável, flexível, cooperativo, complacente, coração mole, tolerante	Baixa, colaborando especialmente para funções de atendimento ao cliente. Pode prejudicar a performance em papéis de gestão
Abertura a experiências	Criativo, culto, curioso, original, mente aberta, com viés artístico orientado	Nada

* Robert Hogan, Gordon J. Curphy e Joyce Hogan, "What We Know about Leadership: Effectiveness and Personality", American Psychologist, v. 49, n. 6, 1994, p. 493.

Sua personalidade influencia seu comportamento o suficiente para ajudá-lo a entender sua pontuação em cada fator. Se tiver uma pontuação baixa em alguma área, significa que precisará trabalhar mais nesse fator do que os outros para conseguir apresentar esses comportamentos. Você pode obter indicadores aproximados de seus traços de personalidade por meio de uma rápida avaliação (veja a Tabela 2.2). Além disso, pode utilizar a Escala TIPI (Ten Item Personality Inventory, "inventário de personalidade de dez itens", em português), uma avaliação de personalidade eficaz, rápida e completa (veja mais informações no Apêndice).

"Conscienciosidade" é o fator de personalidade que mais influencia sua performance; é duas vezes mais expressivo que qualquer outro. Se você tem uma tendência natural a focar em resultados, ter disciplina e realizar tarefas, tem mais chances de apresentar uma performance mais alta que alguém que precisa se esforçar para ignorar distrações e conseguir se concentrar. O "neuroticismo", ou estabilidade emocional, tem alguma importância para todas as funções por um motivo óbvio: as pessoas preferem interagir com quem é previsível e tranquilo.

Tabela 2.2 Avaliação dos cinco fatores

Leia as características dos comportamentos da Tabela 2.1.
Em uma escala de 1 a 5 (sendo 1 "não me descreve em absoluto" e 5 "me descreve perfeitamente"), avalie-se abaixo.

Conscienciosidade	Neuroticismo	Extroversão	Socialização	Abertura a experiências

Apesar de parecer que todos os fatores de personalidade são benéficos para uma alta performance, não é bem assim. O fator "abertura a experiências", por exemplo, não deveria ajudá-lo a pensar de forma mais criativa, a saber como agir em situações de risco ou a valorizar a diversidade? Bem, é possível, mas não há provas de que ter mais dessas características possa de fato garantir uma melhor performance. Poderíamos acreditar também que mais características do fator "socialização" poderiam contribuir para torná-lo um gestor muito mais bacana. Até poderiam, mas esse gestor legal, com alto fator de sociabilidade, provavelmente seria menos sujeito a confrontar seus superiores, a dar feedbacks diretos a sua equipe ou a tomar decisões difíceis em relação a colaboradores e projetos.

A pontuação alta ou baixa nesses fatores é útil para ajudá-lo a entender como sua personalidade naturalmente orienta seus comportamentos. Se tiver uma baixa pontuação em "conscienciosidade", talvez precise criar planos de projetos, calendários, listas ou outros recursos para ajudá-lo a manter o foco em suas tarefas. Se você pontuar alto em "socialização", pode perguntar aos outros se está tomando decisões suficientemente difíceis em relação a pessoas e projetos.

Escolher os comportamentos certos

Agora que você sabe como sua personalidade pode influenciar a maneira como se comporta, é hora de entender quais comportamentos são indicadores de alta performance. Mas, antes disso, vamos presumir o básico: que você é uma pessoa ética, honesta e justa; que não grita com seus funcionários, não rouba, não conta mentiras (não das grandes, pelo menos) nem trapaceia. Esse pode parecer um ponto de partida óbvio em termos de comportamentos, mas, se levar em consideração a quantidade de pessoas que não demonstram sequer o elementar, entenderá por que o estou citando. Se violar esses comportamentos básicos, você nunca terá alta performance – e ponto-final. Qualquer vantagem passageira que obtiver com maus comportamentos desse tipo será incomparável com a vergonha de ser pego, demitido ou preso.

Com esse ponto de partida estabelecido, vamos encarar as boas e as más notícias da ciência. A boa notícia é que as pesquisas apontam quais comportamentos devem ajudá-lo a melhorar sua performance. A má notícia é que dependendo de sua definição de performance, os comportamentos que mais interessam podem variar; mas, graças à psicologia da personalidade, sabemos que alguns comportamentos (capacidade de focar em tarefas, comprometimento com a execução, calma, confiança) geram uma performance mais alta em quase todas as situações. Mas que outros comportamentos são importantes e em que momento?

Opção de comportamento 1: aja como um líder transformacional

A liderança transformacional é um modelo que descreve os comportamentos exaustivamente testados e comprovados que geram alta performance. Comportamentos transformacionais o ajudam a ser levado em consideração pelas pessoas a seu redor e a focar em resultados.[12] Pode ter certeza de que os comportamentos descritos como de um líder transformacional são embasados em uma ciência precisa, já que o modelo foi estudado, testado e validado em centenas de experimentos na vida real.

Pessoas que se comportam como líderes transformacionais são consistentemente mais bem classificadas quanto à motivação, satisfação e competência de liderança de sua equipe que aquelas que lideram de alguma outra maneira.[13] E não se deixe impressionar pelo título; você não precisa transformar situações, ou ser de fato um líder, para adotar esses comportamentos. Ainda que você não esteja em posição de liderar pessoas, pode adotar determinados comportamentos diante de seus colegas e superiores para desfrutar dos benefícios desse modelo.

Um líder transformacional é competente em:[14]

- **Conectar-se:** é capaz de demonstrar genuína preocupação com os colaboradores; consegue criar uma conexão pessoal com eles, mesmo que não seja seu gestor direto.
- **Inovar:** consegue incentivar sua equipe a criar novas soluções e correr riscos.
- **Inspirar:** apresenta pontos de vista cativantes e estimula a alta performance dos colaboradores.
- **Dar o exemplo:** adota atitudes coerentes com sua visão e com as metas que estabelece para os outros.

Além de passarem pelo crivo do tempo, os comportamentos de liderança transformacional não são muito influenciados pela essência de sua personalidade, de modo que ninguém tem uma vantagem natural para ser um líder transformacional.[15]

Se no seu trabalho você precisa dirigir outras pessoas, a liderança transformacional é um ótimo modelo. No entanto, se seu trabalho envolve motivá-las, analise a ciência sobre ser um impulsor de performance.

Opção de comportamento 2: aja como um impulsor de performance

Se você é o CEO de uma companhia que pertence a uma empresa de capital privado (CP) ou de capital de risco (CR), está na posição mais crítica em relação à performance. Empresas de CP e CR investiram alto em sua empresa e querem um retorno ainda maior – e depressa. É justo dizer que os CEOs de empresas desse tipo trabalham sob constante pressão – mais que qualquer líder em qualquer outra situação.

Os comportamentos que funcionam nesse ambiente inflamado e obcecado por performance foram identificados em um estudo que avaliou trinta características diferentes que poderiam ser indicadoras de alta performance de 316 candidatos a CEOs de empresas de CP e CR. Descobriu-se que essas trinta características se enquadravam naturalmente em duas categorias: habilidades gerais (agressividade, persistência, proatividade etc.) e interpessoais (trabalhar bem em equipe, abertura a críticas etc.) – em suma, uma categoria é relativa à execução e a outra é relativa à relação profissional com outras pessoas (veja a Tabela 2.3).

Nesse estudo, os candidatos a CEO poderiam receber uma classificação que variava de "alta" a "baixa" em cada categoria, de modo que elas não eram mutuamente excludentes.

Tabela 2.3 Quais comportamentos os CEOs focados em performance apresentam?

Habilidades gerais (valorizadas)	Interpessoais (sem importância)
Agilidade	Respeito
Agressividade	Abertura a críticas
Persistência	Qualidade de bom ouvinte
Eficiência	Capacidade de trabalhar bem em equipe
Proatividade	
Alta exigência	

A análise da performance dos CEOs que conseguiram o emprego concluiu que os mais bem-sucedidos tinham alto nível de habilidades gerais e baixo de interpessoais. Sim, fiéis ao estereótipo, os CEOs que se mostraram mais durões e não pontuaram tanto nas características mais amenas apresentaram as mais altas performances.[16]

É interessante notar que as características da categoria habilidades gerais – que comprovadamente melhoram a performance – são bastante similares às que definem o fator de personalidade "conscienciosidade"; e que as características interpessoais apresentam forte semelhança com as dos fatores de personalidade "abertura a experiências" e "socialização", que em geral exercem pouca influência sobre a performance no trabalho.

Essa descoberta não é um aval para agir como um babaca, mas apenas demonstra que existem diferentes caminhos para a alta performance. O ponto-chave a ser lembrado é que esse estudo foi realizado com CEOs, profissionais no topo da pirâmide organizacional; ou seja, pessoas provavelmente menos preocupadas em se dar bem com os outros e muito mais preocupadas com a execução de tarefas. Eles sabem que poucas empresas de CP os valorizarão por serem grandes líderes, então não é de se surpreender que na balança deles só pesem os resultados entregues.

Mas se você ainda não chegou ao topo, minha sugestão é que ótimos resultados e ótimos comportamentos interpessoais sejam ingredientes essenciais para sua alta performance.

Adaptar-se rapidamente

Se os comportamentos são uma arma secreta para uma alta performance, você precisa, antes de mais nada, saber quão bem munido está. Seus comportamentos estão de acordo com seu modelo preferido? Você tem algum comportamento que possa fazê-lo sair dos trilhos? Essas são algumas perguntas para as quais pessoas de alta performance procuram respostas, ainda que estas sejam dolorosas.

A Escala TIPI (veja mais informações no Apêndice) pode ajudá-lo a entender melhor suas tendências comportamentais naturais. O mais importante é identificar de que forma seu chefe, colegas de trabalho e subordinados diretos percebem seus comportamentos, afinal são as opiniões de outras pessoas, e não as suas próprias, que determinarão se você é ou não considerado um profissional de alta performance.

Além disso, é importante levar em conta a opinião dos outros sobre você porque sua própria visão acerca de sua performance e comportamento é a menos precisa – todos ao nosso redor nos enxergam com mais precisão do que nós mesmos. Nós sempre tendemos a estar incrivelmente iludidos em relação às nossas próprias capacidades e comportamentos – e quanto menos capazes, mais delirantes somos. Existe até um fenômeno chamado efeito Dunning-Kruger, que mostra que as pessoas mais incompetentes são as menos conscientes acerca da própria incompetência. Em geral, elas são mais convictas de que suas opiniões estão corretas do que seus pares mais inteligentes.[17]

Há duas maneiras de descobrir como os outros nos percebem: perguntando direta ou indiretamente.

Pergunte diretamente

Perguntar diretamente aos outros sobre sua performance e comportamento não é tão assustador quanto parece. Encare da seguinte forma: todos podem melhorar em algum aspecto. As pessoas a quem você pedir feedback e conselhos também têm sua própria lista de autoaperfeiçoamento. Você apenas está cuidando da sua lista primeiro.

Ao perguntar diretamente, seu objetivo é receber uma ou duas sugestões sobre como se comportar ainda melhor, e não obter uma avaliação abrangente sobre você. A seguir, você verá o caminho mais fácil, cortesia de Marshall Goldsmith, autor do best-seller *Reinventando o seu próprio sucesso*.

A "avaliação prospectiva" deixa os outros à vontade para lhe dar sugestões acerca do que mudar e deixa você confortável para recebê-las.[18] Na avaliação prospectiva, você deve perguntar a algumas pessoas em quem confia como pode ter uma performance superior no futuro. Essa pergunta pode ser feita de um jeito simples, como: "Olá, Mary, acabei de ler um livro chamado *8 passos para uma alta performance*, que diz que devemos pedir, a algumas pessoas que conhecemos bem, sugestões sobre como melhorar nossa performance no trabalho. Não é um feedback, uma avaliação sobre algo que já passou, mas dicas sobre o que devo começar, parar de fazer ou continuar fazendo para evoluir. Que sugestão você tem para mim sobre o que devo começar, parar ou continuar a fazer para ter uma performance melhor?".

Para que esse processo simples funcione melhor:

- **Faça-o com pessoas que você conhece bem.** Faça a pergunta a pessoas que o conhecem relativamente bem e que fiquem à vontade para dizer o que pensam. Podem ser colegas próximos, subordinados diretos, seu chefe ou qualquer outra pessoa que tenha trabalhado com você por tempo suficiente para conhecer seus pontos fortes e saber o que pode melhorar.
- **Não pegue ninguém de surpresa.** Envie um e-mail explicando por que está fazendo essa pergunta

e o que pretende com as respostas. Não encurrale as pessoas assomando a cabeça pela porta delas e exigindo de supetão que digam o que pensam.
- **Dê retorno.** Você não precisa agir exatamente de acordo com todas as sugestões que receber, mas provavelmente vale tentar algumas delas. Quando obtiver bons resultados provenientes dessas tentativas, dê um retorno à pessoa que lhe deu o conselho. Conte que você experimentou a sugestão dela e que deu certo e agradeça novamente por sua ajuda. Assim, ela estará mais aberta a dar novas sugestões no futuro, o que melhorará ainda mais sua performance, dando início a um círculo virtuoso.

Pergunte indiretamente

Se achar a abordagem direta assustadora ou difícil demais, use a indireta: uma avaliação 360 graus para obter conselhos semelhantes aos da pergunta direta. Em um típico processo de avaliação 360 graus, seu gestor, alguns colegas, alguns subordinados diretos e outras possíveis pessoas classificam você segundo um conjunto de comportamentos. Podem classificá-lo como bom ou mau nesses comportamentos ou avaliar a frequência com que você os apresenta. Dessa maneira, podem fornecer o mesmo tipo de avaliação prospectiva citado anteriormente. As respostas serão combinadas (anonimamente) em um relatório que resume a avaliação que fizeram de você, e possivelmente comparado à pontuação de alguma referência ou padrão. Ao receber esse relatório, independentemente do que ele aponte, lembre-se de que cada um de nós pode melhorar em alguma coisa, e não sinta vergonha; agora que você conhece certos fatos sobre si mesmo poderá decidir que comportamentos alterar. Se deseja ter uma alta performance, é melhor ter em mãos o quanto antes essas informações, ou só as descobrirá quando sua carreira ou performance estagnar. Esse relatório será o canal para as pessoas com quem você trabalha poderem lhe dizer: "Veja, essas são algumas das coisas que limitam a sua capacidade de ter uma alta performance". Você pode aceitar ou ignorar a opinião delas, mas, se quiser que sua performance chegue perto de seu máximo teórico, a escolha é fácil.

A próxima etapa é a que separa os que evoluem daqueles que estagnam. Pode ser ao mesmo tempo desafiadora e humilhante. Antes, lembre-se de que todos ao seu redor já sabem como você se comporta e querem que alguns desses comportamentos mudem. Eles lhe deram conselhos específicos para mudar, se ignorar seu feedback, acha que eles terão uma impressão mais positiva ou mais negativa a seu respeito?

Para demonstrar seu comprometimento, marque uma reunião individual ou ligue para cada pessoa a quem pediu feedback (não importa se ela participou ou não). No convite para a reunião, avise que você deseja compartilhar seu plano de ação e pedir conselhos. Na reunião, diga:

- **O que você fez.** "Recentemente, passei por um processo de avaliação 360 graus para me ajudar a

melhorar minha performance. Não sei quem de fato opinou, então estou me reunindo com todos os que foram convidados para compartilhar meu plano de ação e obter mais algum conselho que possam ter para mim."
- **O que você leu.** "Foi muito produtivo ler sobre as coisas que faço bem e sobre as que preciso melhorar. Fiquei feliz em saber que as pessoas pensam que [liste duas ou três conclusões positivas da 360]. Também vi que alguns participantes gostariam que eu melhorasse em [liste duas ou três áreas para melhorar]."
- **O que você planeja.** "Com base nessas informações, desenvolvi um plano de ação para melhorar. Eu gostaria de compartilhá-lo com você, e talvez receber mais conselhos." (Descreva brevemente duas ou três coisas que você planeja fazer para mudar em duas ou três áreas.)
- **Qual é o conselho dessa pessoa?** "Você tem mais sugestões sobre como posso melhorar nas áreas que mencionei?" (Não discuta, critique nem descarte qualquer sugestão que a pessoa ofereça. Faça perguntas se precisar entendê-la melhor.)

Ao fim da reunião, simplesmente agradeça.

Você pode perguntar a seu gestor ou ao RH se sua empresa oferece um processo de avaliação 360 graus e como participar.

Quais comportamentos podem prejudicá-lo

Quando falamos sobre comportamentos, devemos nos preocupar com aqueles que podem melhorar nossa performance e com aqueles que podem prejudicá-la. Imagine se, no início de sua carreira, alguém lhe houvesse dito: "Posso te dizer agora como exatamente você vai prejudicar sua performance no futuro – não só neste ano, mas daqui a dez, vinte, trinta anos. E posso lhe dizer como não cometer esses erros". Você escutaria o que essa pessoa tem a dizer?

Uma das informações mais poderosas deste livro, e que pode lhe garantir uma performance melhor, é que é possível prever quais comportamentos prejudicam seu desempenho. Com essa informação, você pode evitar apresentar comportamentos que atrapalhariam seu sucesso.

Você sabe que certos comportamentos representam uma vantagem em termos de performance. Mas esses mesmos comportamentos podem prejudicar seu desempenho se forem excessivos. Neste caso, esses comportamentos se tornam "descarriladores". Os descarriladores são como seu cabelo natural e sem um bom corte – desarrumado, desgrenhado, e talvez até meio assustador. Ao se descuidar e deixar transparecer certos comportamentos não estilizados, os descarriladores podem dar as caras. A maior probabilidade de isso acontecer é quando você está cansado, quando baixa a guarda com os colegas ou quando está sob estresse.

Esses comportamentos podem ter lhe servido bem durante algum tempo, mas, agora, são uma âncora que você arrasta atrás de si e atrasa seu progresso. Imagine uma obstinada líder de marketing que cresceu rapidamente criando campanhas muito criativas e impondo agressivamente suas ideias em um ambiente do tipo "clube do Bolinha". Ela acredita que realmente tem ideias excelentes e está sempre preparada para defendê-las. Ao ser promovida a diretora de marketing, esses pontos fortes se mostram de um jeito muito diferente – como descarriladores. O orgulho que sente de suas próprias ideias, muitas vezes a leva a passar por cima da equipe, privilegiando seus conceitos preferidos e desencorajando, assim, a equipe a inovar e a correr riscos. Sua grande competência em defender suas ideias, que lhe permitiu emergir como líder, agora é percebida por alguns colegas da empresa como uma postura defensiva e relutante em se comprometer.

Há também o caso daquele líder da cadeia de suprimentos que constrói brilhantemente relacionamentos em toda a empresa. Seu chefe e outros líderes seniores o adoram. Ele tem um ótimo instinto político e é bem-sucedido, em parte, por ser um bom gestor. Por valorizar o bom relacionamento com seniores, em situações de estresse, ele hesita em tomar decisões, ou toma aquela que sabe que seu chefe prefere. Isso leva os membros de sua equipe a sentirem que ele não os apoia quando necessário e que é um gestor incapaz de assumir riscos, por temer que estes o coloquem, ou a seu chefe, em alguma situação delicada, e essa incapacidade de assumir riscos eventualmente estancará sua carreira.

Esses comportamentos são chamados de descarriladores por razões óbvias: eles o tirarão dos trilhos se apresentá-los com muita frequência. Todo mundo tem comportamentos desse tipo, incluindo pessoas de alta performance; o segredo é identificar quais são os seus e se esforçar para mantê-los sob controle. Essa também é uma das principais razões para não focar em seus pontos fortes quando você planeja seu desenvolvimento: se enfatizá-los demais, eles poderão se tornar descarriladores.

Existem onze maneiras de nossos comportamentos atrapalharem nossa performance, de acordo com o lendário psicólogo da personalidade Robert Hogan e sua empresa, Hogan Assessments. Ele criou uma avaliação rápida e fácil de comportamentos descarriladores exclusivamente para os leitores de *8 passos* (veja o Quadro 2.2).

Siga as instruções do Quadro 2.2 para entender melhor seus potenciais descarriladores e consulte o Quadro 2.1 para entender as consequências de cada um deles.

Para evitar seus comportamentos descarriladores, precisa identificar quais deles você tem mais probabilidade de apresentar. Pode usar o feedback ou a avaliação prospectiva para descobri-los.

Quadro 2.1 Os onze descarriladores

1. **Temperamental:** entusiasmar-se excessivamente com pessoas ou projetos, e a seguir decepcionar-se.
   • Consequência: parecer não ter persistência.
2. **Cético:** ser socialmente perspicaz, mas cínico e excessivamente sensível a críticas.
   • Consequência: parecer não ter confiança.
3. **Cauteloso:** ser excessivamente preocupado com críticas.
   • Consequência: parecer resistente a mudanças e relutante em assumir riscos.
4. **Reservado:** não ter interesse nos sentimentos dos outros, ou não ter consciência deles.
   • Consequência: parecer não ser um bom comunicador.
5. **Passivo-resistente:** ser muito independente, ignorar os pedidos dos outros e irritar-se quando insistem.
   • Consequência: parecer teimoso, procrastinador e não cooperativo.
6. **Arrogante:** ser cheio de si em relação a sua competência e valor.
   • Consequência: parecer ser incapaz de adimitir erros ou aprender com a experiência.
7. **Ardiloso:** ser carismático, arriscar e buscar excitação.
   • Consequência: parecer ter dificuldade de manter compromissos e de aprender com a experiência.
8. **Melodramático:** ser dramático, envolvente e precisar de atenção.
   • Consequência: parecer estar mais preocupado em ser o centro das atenções e não conseguir manter um foco.
9. **Imaginativo:** pensar e agir de formas muito singulares, incomuns e até mesmo excêntricas.
   • Consequência: parecer ter criatividade, mas em contrapartida não ter senso crítico.
10. **Perfeccionista:** ser meticuloso, perfeccionista, difícil de agradar.
    • Consequência: tendência a enfraquecer a equipe.
11. **Obsequioso:** estar sempre a postos para agradar e ter dificuldade de agir de forma independente.
    • Consequência: tendência a ser agradável, mas não apoiar subordinados.

Fonte: Hogan Assessment Systems, Hogan Developmental Survey, 2009.

Quadro 2.2 Miniavaliação de descarriladores

Instruções: Para cada afirmação abaixo, marque "Sim" se reconhece em si esse comportamento e "Não" se não reconhece.

☐ Sim ☐ Não 1. **Temperamental:** eu me frustro tanto com os projetos que costumo desistir.

☐ Sim ☐ Não 2. **Cético:** eu sei quem são meus inimigos.

☐ Sim ☐ Não 3. **Cauteloso:** eu sigo o ditado "melhor prevenir do que remediar".

☐ Sim ☐ Não 4. **Reservado:** eu gosto que as pessoas fiquem especulando sobre minhas intenções.

☐ Sim ☐ Não 5. **Passivo-resistente:** eu sou mais inteligente que meu chefe.

☐ Sim ☐ Não 6. **Arrogante:** um dia, as pessoas vão reconhecer meu talento.

☐ Sim ☐ Não 7. **Ardiloso:** posso convencer as pessoas a fazerem quase qualquer coisa.

☐ Sim ☐ Não 8. **Melodramático:** eu gosto de ser a alma da festa.

☐ Sim ☐ Não 9. **Imaginativo:** as pessoas muitas vezes se surpreendem com minha criatividade.

☐ Sim ☐ Não 10. **Perfeccionista:** eu tendo a ser perfeccionista.

☐ Sim ☐ Não 11. **Obsequioso:** tenho orgulho de ser um bom cidadão organizacional.

Pontuação: se você colocou "sim" em uma afirmação, é provável que apresente com alguma frequência esse descarrilador.

Fonte: Desenvolvido pelo dr. Robert Hogan, fundador da Hogan Assessments, exclusivamente para uso em *8 passos para uma alta performance*. Copyright Hogan Assessments. Não utilize sem permissão explícita.

Faça os comportamentos funcionarem em sua empresa

Falamos sobre dois modelos comportamentais importantes, mas muitas empresas têm o próprio (modelo de liderança, modelo de valores) para ajudar a avaliar sua performance e habilidade e planejar seu desenvolvimento. Esse modelo é uma declaração de que certos comportamentos são mais importantes que outros para a companhia para a qual você trabalha, por isso, deve olhar com cuidado para eles. No entanto, ao analisar esses comportamentos, tenha as seguintes questões em mente:

- **Qual é a importância desses comportamentos para seu sucesso?** Não é só porque esse modelo de comportamento existe e consta na sua avaliação de performance que ele necessariamente afeta seu sucesso. Você deve se preocupar mais com as condutas que afetam sua remuneração, a classificação de seu desempenho ou sua capacidade de crescer na empresa. A maneira mais fácil de entender essa diferença é checando se esses comportamentos fazem parte do processo de gestão de performance de sua empresa ou do processo de análise de talentos e plano de sucessão.
- **Que comportamentos são mais importantes?** Há também a possibilidade de alguns comportamentos do modelo de sua empresa serem mais importantes que outros. A melhor maneira de descobrir isso é fazendo perguntas a seu gestor, por exemplo: "Quais são os três comportamentos mais importantes do nosso modelo?"; "Com quais comportamentos nosso CEO se preocupa mais?"; "Que comportamentos nossos líderes de alto potencial demonstram com mais frequência?". Seu objetivo é entender onde focar sua energia e esforços. Lembre-se de que você

é promovido porque oferece excelentes resultados e uma boa performance nos comportamentos que sua empresa mais valoriza.

Resumindo

Entender e apresentar os comportamentos que impulsionam a alta performance pode parecer um desafio, afinal, existem centenas de possíveis comportamentos que seus subordinados diretos, colegas e chefes podem esperar que você apresente. Fique calmo; há três coisas que você precisa de fato fazer para ajudá-lo em relação a isso: (1) entender qual é sua tendência natural de comportamento e como as pessoas o enxergam hoje; (2) identificar os poucos comportamentos que são mais importantes para seu sucesso no trabalho; (3) desenvolver um plano de ação para se adaptar o quanto antes para atender a esses comportamentos.

Agora que concluiu os passos 1 e 2, você já está preparado para entregar grandes resultados e apresentar comportamentos de pessoas de alta performance. Esse é o cerne da alta performance, mas não garante o sucesso. Você deve continuar desenvolvendo essas habilidades para competir com aqueles que querem superá-lo. O Passo 3, "Evolua mais rápido", diz como.

O que pode atrapalhar

- **Minha empresa não possui um modelo de comportamento. Como devo me orientar?**

Pergunte a seu gestor quais comportamentos (três) podem melhorar sua performance; ou siga os modelos "líder transformacional" ou "impulsor de performance" descritos anteriormente neste capítulo.
- **Meu gestor diz uma coisa sobre os comportamentos importantes e minha empresa diz outra. Em quem devo acreditar?** Se o modelo de comportamento da empresa for usado para classificar sua performance, ajudá-lo a se desenvolver ou avaliá-lo para uma promoção, esse é o modelo a seguir. Caso contrário, converse com colegas de confiança que conheçam bem a cultura da empresa. Pergunte a eles se acham que a visão de seu gestor engloba os comportamentos realmente importantes. É possível que seu gestor de fato conheça o caminho secreto para o sucesso, ou apenas que tenha um bom palpite sobre o caminho certo.
- **Comportamentos não parecem ser importantes para a minha empresa. Há pessoas que se comportam mal e/ou as condutas não são incluídas em nossos processos de gestão de performance ou de sucessão.** Não é porque os comportamentos não estão diretamente relacionados às práticas de sua empresa que eles não são importantes. A cultura de sua empresa pode lhe dar fortes indícios sobre quais são os comportamentos mais relevantes. Pergunte a seu gestor e/ou a profissionais que você considera de alta performance quais comportamentos eles enxergam como valiosos

para um bom desempenho no trabalho. É provável que a pessoa que você vê se comportando de uma forma ruim esteja entregando resultados tão bons que a empresa está lhe dando um crédito temporário. Também é possível que os outros não estejam presenciando os mesmos maus comportamentos que você, ou que talvez a empresa irá demitir essa pessoa amanhã. A melhor estratégia é entender os comportamentos mais importantes para sua performance para então colocá-los em prática.

- **Os comportamentos do modelo de minha empresa não se alinham a meus valores.** A menos que você seja o CEO, terá pouco controle sobre o modelo da empresa. Então, no raro caso de os comportamentos que sua empresa estima serem fundamentalmente divergentes de seus valores pessoais, a decisão é simples: adapte-se ao que sua empresa prefere ou procure outro lugar para trabalhar, onde os valores de ambas as partes estejam mais alinhados.
- **Temos um novo CEO (ou líder regional) que está demandando comportamentos diferentes daqueles que o antigo exigia.** Ao longo de sua carreira, você terá muitos chefes, cada qual com suas opiniões sobre o jeito certo de se comportar. É provável que as visões deles não sejam tão radicalmente opostas, a ponto de lhe darem um nó na cabeça. Desde que esses comportamentos sejam relativamente consistentes com o que a empresa exige, faz sentido se adaptar.

- **Como posso consertar meus descarriladores?**
Como seus descarriladores fazem parte da essência de sua personalidade, você não pode consertá-los permanentemente, mas pode aprender a reconhecê-los e controlá-los. Por exemplo, talvez você tenha identificado que um de seus descarriladores é o ceticismo, característica que pode levá-lo a duvidar das ideias de seus pares, questionar as verdadeiras intenções deles e fazê-lo parecer cínico. Se em uma reunião alguém apresenta uma análise da qual você discorda, sua tendência natural talvez seja a de prontamente desafiar os fatos apresentados ou a capacidade analítica da pessoa. Se você reconhecer o ceticismo como um de seus descarriladores, quando se deparar com dados que pareçam incorretos, poderá perguntar: "Poderia me dizer por que escolheu essas fontes de dados e como fez sua análise?". Ou: "Há outras conclusões a que você poderia chegar a partir desses mesmos dados?".
- **Eu não respeito igualmente a opinião de todo mundo. Tenho que perguntar a todos seu ponto de vista sobre meu comportamento?**
Não. A probabilidade de você se dispor a mudar de acordo com os comentários das pessoas que respeita é maior. O perigo é você escolher para feedback ou orientação prospectiva apenas pessoas que concordem com sua visão de si mesmo, o que o fará desperdiçar informações que poderiam ajudá-lo a ter uma performance superior.

RECORDE E APLIQUE

A ciência conclusiva diz que:

- Sua personalidade fornece uma linha de base para seus comportamentos, e não uma desculpa para comportamentos errados; você controla a maneira como se comporta.
- Você é capaz de antecipar os comportamentos que podem atrapalhar sua carreira e começar a corrigi-los hoje.
- Algumas pessoas nascem com características de personalidade que lhes proporcionam uma vantagem natural em termos de performance em algumas situações.

Você deve:

- Entender a linha de base de sua personalidade e como tende naturalmente a se comportar.
- Identificar no seu atual emprego quais comportamentos são mais importantes para seu sucesso e listar especificamente três atitudes para serem melhoradas.
- Conhecer seus comportamentos descarriladores e traçar um plano para identificar quando eles tendem a se manifestar e como evitá-los.

Tente usar:

- Escala TIPI (veja mais informações no Apêndice).
- Miniavaliação de descarriladores (Quadro 2.2).

PASSO 3

Evolua mais rápido

Em setembro de 2010, o bilionário empresário Peter Thiel, cofundador do PayPal, disse algo que fez os pais da classe média tamparem os ouvidos dos filhos e os reitores das mais prestigiadas universidades se encolherem horrorizados. Thiel sugeriu que, para crianças brilhantes, talvez fosse inútil frequentar a faculdade, e questionou o valor do ensino superior formal como um todo. Não contente, para reforçar sua declaração, anunciou a Thiel Fellowship – uma bolsa de 100 mil dólares, com duração de dois anos, para estudantes que optassem por não frequentar a faculdade e quisessem seguir seus sonhos empreendedores.[1]
O processo anual de seleção da Thiel Fellows é incrivelmente rigoroso, e apenas 20 a 25 futuros bolsistas são aceitos, o que representa menos de 1% do total de candidatos.[2] A Universidade Harvard, em comparação, aceita cerca de 5% dos candidatos a seus cursos de graduação, que duram quatro anos e custam mais de 250 mil dólares.[3]

Depois de selecionados, os Thiel Fellows são livres para perseguir seus objetivos, seja criar o próximo Google, conduzir pesquisas científicas ou iniciar um movimento social; eles têm acesso a aconselhamento, network e, claro, ao inestimável rótulo de Thiel Fellow.

O anúncio de Thiel provocou convulsões na burocracia do ensino superior; Larry Summers, ex-presidente da Universidade Harvard, disse: "Acho que o programa especial de Peter Thiel, que suborna pessoas para abandonarem a faculdade, é a impropriedade da década na filantropia".[4] O argumento contra a abordagem de Thiel é que o sucesso de pessoas que largaram os estudos universitários, como o fundador da Microsoft, Bill Gates, e o do Facebook, Mark Zuckerberg, é a exceção, e não a regra. Seus detratores dizem que é improvável que outras mentes jovens se beneficiem seguindo um caminho semelhante e que as pessoas sem diploma universitário ganham cerca de 24 mil dólares a menos por ano que as formadas em cursos tradicionais de quatro anos.[5]

O debate entre Thiel e Summers levanta uma questão interessante para quem quer ter uma alta performance: qual é a maneira mais rápida e mais segura de obter sucesso no desenvolvimento profissional?

Por que isso é importante

Todos os dias, você compete contra todos os indivíduos de sua empresa, ou indústria, que desejam obter uma alta performance. Se desenvolver novos recursos mais depressa que eles, você terá um desempenho melhor hoje e ganhará mais oportunidades de performar melhor no futuro. Essas oportunidades o tornarão ainda mais qualificado e atrairão mais oportunidades de aprendizado, instalando um ciclo virtuoso. Se você efetivamente aplicar os novos conhecimentos, avançará mais rápido e com mais sucesso que seus colegas. Essa é a maneira ideal de se aproximar a passos largos de sua performance máxima teórica.

Além disso, a maioria dos executivos sabe que talentos qualificados entregam melhores resultados. Eles procuram esses talentos raros, pagam-lhes bem e lhes oferecem mais oportunidades de continuar se desenvolvendo. Ao evoluir, você tem melhores opções de emprego e mais dinheiro no bolso. Por outro lado, a cada minuto que não desenvolve suas capacidades, você perde vantagem competitiva para alguém que está se esforçando para evoluir. É por isso que "Evolua mais rápido" constitui o Passo 3 para uma alta performance.

O que já sabemos

A boa notícia sobre o processo de evolução ou desenvolvimento é que você tem bastante controle sobre o quanto e a que velocidade evolui. Quanto maior for sua evolução nas áreas certas, maior será a probabilidade de obter uma alta performance. Essa evolução gera inteligência cristalizada, isto é, mais conteúdo útil em seu cérebro, o que lhe oferece mais fatos, percepções e observações que pode usar para entregar melhores resultados.

As pesquisas são claras acerca de como se dá essa evolução. Você só precisa se lembrar do mantra 70/20/10. Segundo esse mantra, derivado de pesquisas, aproximadamente 70% de seu crescimento profissional decorre das experiências de trabalho, 20%, das interações com os outros, e 10%, da educação formal (veja a Tabela 3.1). O índice 70/20/10 também reflete o processo que muitos líderes de sucesso usaram para construir sua carreira.[6]

Essas porcentagens também fazem sentido intuitivamente. Se o aprendizado formal constituísse uma parte maior do modelo, você estudaria muito, porém nunca conseguiria colocar o conhecimento em prática. Se o feedback compusesse uma parte maior, você passaria muito tempo ouvindo o que fez de errado e não sobraria tempo para melhorar. Esse equilíbrio entre 70% de experiência e 10% de educação pode ser uma das razões por que Thiel sugeriu que jovens brilhantes deveriam concentrar seus esforços em obter experiência, em vez de um diploma de graduação.

Algumas pessoas argumentam que o índice 70/20/10 subestima o aprendizado, porque apenas 10% são dedicados a ele. A minha resposta é: ainda bem que meu médico cursou os seis anos de faculdade de medicina para aprender seu ofício, mas o fato é que foram seus vinte anos de experiência após a formação que fizeram dele um excelente médico. Não quero dizer que a educação formal não seja importante; o ponto é que você precisa avaliar quais são as ferramentas que alavancarão uma melhor performance. A formação, que pode parecer determinante para o sucesso, muitas vezes não o é. Apenas 39 CEOs da Fortune 100 têm MBA, e muitos deles não o obtiveram nas melhores universidades.[7]

Tabela 3.1 Como evoluir

Atividade	Como contribui
70% de experiências significativas e desafiadoras	Põe à prova e aumenta suas capacidades.
20% de coaching, observação e feedback	Fornece orientação sobre como desenvolver ou melhorar a performance e os comportamentos.
10% de estudo formal em salas de aula e cursos	Fornece aprendizado estruturado de habilidades, estruturas e ideias.

Evolua mais rápido

Pense na evolução como um ciclo – executar, obter feedback, executar de novo, porém melhor (veja o ciclo de aprendizado na Figura 3.1). Quanto mais rápido e assiduamente você percorrer esse ciclo, mais depressa se desenvolverá e obterá a próxima oportunidade de aprender uma nova habilidade, de testar um novo comportamento e de obter um feedback mais útil. Cada ciclo percorrido o tornará mais competente e mais competitivo.

Figura 3.1 Ciclo de aprendizagem

Para evoluir mais depressa, você precisa identificar quais são as atividades mais importantes para tanto e praticar o maior número delas o mais rápido possível. Poucas pessoas administram a própria carreira com esse nível de propósito e disciplina. Você precisa ser bastante claro a respeito do destino almejado nessa jornada de desenvolvimento – um item óbvio, mas que muitas vezes é esquecido em um plano de desenvolvimento. Os três passos para crescer mais depressa são:

1. Determinar seu de/para.
2. Adquirir experiência e criar um mapa de experiências pessoais.
3. Obter feedback e aprimorar suas capacidades e comportamentos.

Determine seu de/para

Quando você busca trajetos no Google Maps, o aplicativo pede que forneça duas informações: sua localização atual e seu destino. Quanto mais precisas forem essas coordenadas, mais certeza você terá de que chegará aonde deseja ir. Se inserir "Costa Oeste, EUA" como localização atual e "Costa Leste, EUA" como destino, seguirá na direção certa, mas não saberá exatamente para onde está indo ou mesmo se já chegou.

Agora, se colocar de "Estação Grand Central, Nova York" para "Píer de Santa Monica, Santa Monica", saberá o trajeto, saberá reconhecer quando chegar ao destino e poderá acompanhar seu progresso. Seu desenvolvimento deve seguir exatamente o mesmo processo de especificar claramente o ponto em que você se encontra hoje e o destino desejado. A maioria das pessoas desacelera a própria evolução porque não tem clareza sobre o caminho desse desenvolvimento.

Quer use o processo de desenvolvimento individual de sua empresa, quer crie seu próprio plano de desenvolvimento, é fundamental ser preciso e brutalmente honesto consigo mesmo em relação a sua origem e seu destino. Isso começa com uma estrutura que meu colega Jim Shanley chama de "de/para", a qual ajuda a entender exatamente como você é percebido hoje e como deseja ser visto no futuro. O de e o para se traduzem em duas sentenças sucintas: uma descreve onde você está hoje, e a outra, seu próximo grande (não derradeiro) destino. Ambas as sentenças devem ser diretas, honestas e específicas, para que, ao lê-las, você tenha claro o próximo passo que deve dar em seu desenvolvimento.

Veja alguns exemplos de ótimas sentenças de/para:

- **De:** um colaborador individual que agrega valor por meio de conhecimento técnico e segue rigorosamente as instruções dos outros.

  Para: um líder de pessoas que cria estratégias claras e entrega resultados com uma pequena equipe.

- **De:** um líder transformacional de marketing que confia em seu instinto para tomar decisões e nos relacionamentos para obter resultados.

  Para: um CEO completo que toma decisões baseadas em fatos e que tem força de caráter para tomar decisões difíceis e oportunas.

- **De:** um estrategista de negócios que pode parecer distante e desdenhoso com quem tem menos potência intelectual.

  Para: um gestor geral que alinha e inspira sua área por meio de conexões pessoais e demonstra interesse genuíno pelas pessoas.

Cada uma dessas sentenças é clara e direta sobre o ponto em que alguém está e o ponto para onde precisa ir. O caráter direto das sentenças de/para talvez surpreenda você, especialmente na terceira. Ser claro sobre seu de/para é difícil, porém é essencial para que o plano de desenvolvimento seja preciso. Se essas sentenças forem vagas, suas coordenadas de início e de fim também serão. Essas sentenças de/para são exemplos reais de executivos bem-sucedidos que fizeram um progresso imenso uma vez que suas necessidades lhes ficaram claras. Dois são CEOs agora – um de uma cadeia de varejo de 10 bilhões de dólares, e outro de uma empresa especializada em óculos.

O seu de/para só será realmente preciso com as considerações recebidas de outras pessoas. A ciência diz claramente que as pessoas com quem trabalhamos nos veem com mais precisão que nós mesmos, por isso, suas percepções e opiniões devem guiar nossa jornada. Isso é especialmente importante caso você considere sua performance alta, pois provavelmente tende a acreditar que suas habilidades e comportamentos atuais manterão seu sucesso. Pensar assim é ignorar o conselho de Marshall Goldsmith, cujo já citado best-seller recorda aos leitores que "o que o trouxe até aqui não vai levá-lo até lá".[8]

Seu de/para deve ser norteado pelos líderes mais experientes de sua empresa, já que é a opinião deles, e não a de seus colegas ou subordinados diretos, que determinará seu progresso na organização. Para obter orientação deles:

- **Pergunte às pessoas certas.** Escolha seu gestor e mais dois ou três líderes seniores com quem você já trabalhou ou que conheçam sua performance.
- **Solicite suas considerações.** Apresente a eles o conceito de/para, mostre-lhes os exemplos que dei anteriormente e peça-lhes para pensar sobre o seu de/para. Diga que isso deve tomar apenas alguns minutos do tempo deles, mas que suas considerações serão imensamente úteis para você. Peça que sejam totalmente honestos, porque a transparência deles permitirá que você cresça mais rápido. Você

pode se reunir com eles para ouvir suas considerações, ou, se eles forem mais transacionais, permita que respondam por e-mail. Esses líderes não precisam ser peritos na função que você executa, mas seria proveitoso se alguns fossem. Eles só precisam conhecê-lo o suficiente para ter uma opinião sobre o que é necessário para seu sucesso futuro na organização.

- **Desenvolva seu de/para.** Use as considerações deles para criar seu de/para final. Quais delas lhe parecem mais diretas e o deixam mais desconfortável? Qual coloca o para longe o bastante de modo que seja um desafio significativo? Na opinião de quem você mais confia? Use as considerações como matéria-prima e faça algumas versões diferentes de de/para. Pergunte a esses líderes, ou a alguns colegas de confiança, o que acham de suas versões preliminares. Por fim, desenvolva seu de/para definitivo.

Agora que seu de/para iluminou sua jornada de crescimento, concentre-se em como chegar lá depressa.

Adquira experiência e crie um mapa de experiências pessoais

Como a taxa 70/20/10 indica que nada acelera tanto o desenvolvimento quanto experiências, pergunte-se regularmente: "Qual experiência moverá minha carreira mais depressa na direção desejada?". Essa pergunta é útil a qualquer momento de sua carreira, seja você cozinheiro de fast-food ou um CEO. O segredo para ter uma alta performance é obter, o mais rápido possível, o maior número de experiências bem-sucedidas e de alta qualidade.

Experiência é aquilo que você alcança quando entrega um resultado de alta qualidade para um desafio significativo. É possível que você tenha de usar muitas habilidades e comportamentos diferentes para entregar esse resultado, mas é a sua capacidade de combiná-los que produz a experiência. Por exemplo, "criar estratégia de marketing para uma nova linha de negócios" é uma experiência. Talvez você precise analisar a atual penetração no mercado e mobilizar uma nova equipe em torno de uma visão clara para chegar a esse resultado – isso são tarefas e comportamentos, não uma experiência.

As experiências são a maior ferramenta de desenvolvimento que você tem à disposição; portanto, é importante identificar aquela que vai pavimentar sua carreira e, especialmente, aquelas poucas e mais poderosas que podem acabar com a lacuna do seu de/para. Você deve fazer de um mapa de experiências pessoais (atualizado regularmente) o seu guia de carreira.

O mapa de experiências pessoais mostra as experiências que você deseja adquirir nos próximos três a sete anos a fim de acelerar sua carreira. É um prático documento de planejamento que descreve o modo como você produzirá seu eu de mais alta performance. "Produção" deve ser a sua palavra de ordem. Assim como um fabricante planeja cuidadosamente a produção de seus produtos – suas especificações, as etapas de fabricação necessárias, como manterá a produção em andamento –, o mapa de experiências é seu plano de produção individual. Cada experiência transforma você em um profissional mais capaz, confiante e que performa melhor.

Dois tipos de experiência, em especial, vão acelerar seu desenvolvimento: experiências funcionais e experiências de gestão (veja a Figura 3.2). As experiências funcionais o ajudam a se especializar em algo (marketing, cadeia de suprimentos, P&D etc.); elas lhe permitem provar que é altamente competente no que faz. As experiências de gestão, por sua vez, ajudam a demonstrar que você é capaz de realizar ou administrar uma variedade de situações desafiadoras. Você não apenas se mostrou um grande profissional de marketing em uma região, como já provou que pode liderar novas equipes, em momentos de reviravolta, ou em uma geografia diferente. Quando é bem-sucedido nessas experiências desafiadoras, você prova para sua empresa ser um líder versátil que merece uma chance em funções abrangentes e mais importantes.

Figura 3.2 Dois tipos de experiências

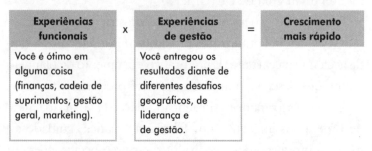

Agora, você pode criar seu mapa de experiências pessoais fazendo o seguinte:

Entreviste especialistas em sua área

Quais atributos, em sua função ou área, fazem alguém se destacar? Os melhores e mais brilhantes profissionais de seu campo podem ajudá-lo a entender quais são as experiências que farão de você um expert. Entreviste esses líderes para saber quais experiências produzirão sua excelência funcional. Essas entrevistas lhe fornecerão a matéria-prima para criar seu mapa de experiências pessoais.

- **Identifique os melhores especialistas.** Idealmente, você deve entrevistar o melhor em sua área, e não o melhor em sua empresa ou país. Se seu desejo é ser um diretor financeiro (CFO), relacione dez CFOs que admira ou que sejam bem conceituados em seu setor. Se seu objetivo é ser excelente na fase inicial de pesquisa e desenvolvimento na indústria farmacêutica, o processo é o mesmo. Encontre esses líderes nas listas de "melhores" do setor (melhor diretor de marketing, melhor diretor de informações etc.), em revistas especializadas, nas listas de palestrantes de conferências relevantes ou por indicação de líderes de sua empresa.
- **Solicite uma entrevista.** Envie um e-mail para cada líder; deixe claro que você está propondo uma conversa informal por meio da qual eles poderão ajudar no desenvolvimento de alguém da mesma área.

Você está solicitando o valioso tempo deles; portanto, seja breve e direto:
- Caro _____: Parabéns por estar na lista _____/ Eu li seu artigo recente em _____/Seu colega _____ me indicou você. Como alguém que se distingue em [sua área], sua opinião seria muito útil para meu desenvolvimento. Sei que seu tempo é valioso, e espero que possa dispor de 15 a 20 minutos para me falar sobre as quatro ou cinco experiências que julga serem mais valiosas para se tornar um [posição]. Não estou à procura de emprego ou estágio. Podemos agendar uma conversa curta nas próximas semanas?

- **Peça opiniões/contribuições.** Durante sua conversa, faça a seguinte pergunta e anote tudo com detalhes:
  - "Quais são as principais experiências funcionais [não necessariamente trabalhos] que, na sua opinião, produzirão a mais alta qualidade de [gestor geral, arquiteto de TI, diretor de finanças]?"; essa pergunta trata apenas do que faz de alguém funcionalmente ótimo em sua área, função ou disciplina.
  - Outra maneira de perguntar é: "Descreva o que você encontraria no currículo de alguém que seja excelente em _____". Se for difícil obter informações de qualidade, pergunte a esses profissionais sobre as experiências mais valiosas que eles tiveram em suas próprias carreiras.

Agradeça e peça permissão para entrar em contato de novo caso tenha novas questões. Proponha-lhes compartilhar seu mapa de experiências pessoais. Procure entrevistar vários líderes, já que suas diferentes perspectivas serão valiosas e suas experiências individuais ilustrarão suas visões. Algumas pessoas responderão facilmente a sua pergunta, enquanto outras terão dificuldades. São executivos inteligentes, não especialistas em desenvolvimento, portanto, aceite seus comentários como um presente, mesmo que alguns não forneçam exatamente as informações de que você precisa.

Crie seu mapa de experiências pessoais

Suas entrevistas lhe fornecerão matéria-prima para criar o mapa de experiências pessoais. Leia suas anotações e classifique as experiências que seus entrevistados descreveram. Nem tudo que você ouviu será útil; algumas informações coincidirão com o que outro entrevistado disse, outras serão contraditórias. Seu objetivo é classificar essas informações a fim de encontrar as poucas experiências que acelerarão sobremaneira sua carreira.

Uma experiência deve descrever um resultado empresarial significativo – abrir uma nova fábrica, liderar uma grande equipe durante um momento crucial ou fazer o balanço de uma unidade de negócio. Deve ser um tijolo significativo na construção de sua capacidade funcional ou de liderança; essa realização deve ser significativa aos olhos de outras pessoas da área. Combine as experiências listadas que sejam essencialmente iguais e exclua os itens que sejam comportamentos ou habilidades (veja a diferença na Tabela 3.2).

As experiências funcionais necessárias para que você atinja uma alta performance serão exclusivas a sua profissão, ao passo que as de gestão serão muito semelhantes em qualquer setor. Experiências de gestão proporcionam o aprimoramento de recursos genéricos valiosos a todos os gestores, independentemente de sua função. Para simplificar, use as experiências da Figura 3.3 ao criar seu mapa.

Tabela 3.2 Diferenças entre experiências, comportamentos e habilidades

Experiências	Comportamentos	Habilidades
Dirigi de casa até o trabalho sem sofrer um acidente.	Obedeci a todos os sinais de trânsito e fui educado com os outros condutores.	Posso operar um veículo motorizado; sou capaz de ler e entender sinais de trânsito.
Construí e inaugurei uma nova fábrica de *widgets* em um país em desenvolvimento.	Entendi a cultura local e operei dentro dela; consegui fazer a equipe cumprir prazos agressivos.	Gerenciei um projeto de grande escala, relações sindicais e cronograma de produção.
Fechei o balanço de uma grande unidade de negócios.	Esclareci depressa discrepâncias nos registros; contestei líderes que sugeriram abordagens que iam contra o IFRS (normas internacionais de contabilidade).	Possuo habilidades em contabilidade, análise financeira e geração e apresentação de relatórios.

Figura 3.3 Mapa de experiências pessoais

Minha meta é passar da posição _____ para _____
De: um colaborador individual que agrega valor por meio de conhecimento técnico e segue rigorosamente as instruções dos outros.
Para: um líder de pessoas que cria estratégias claras e entrega resultados com uma pequena equipe que segue as instruções.

Experiências funcionais necessárias

Experiências de planejamento
- Liderar projetos multifuncionais grandes e complexos ou mudar a iniciativa.
- Desenvolver uma estratégia plurianual e um plano de ação.
- Planejar, desenvolver e apresentar a "Iniciativa Natalina" aos investidores.
- Liderar uma iniciativa significativa de redução de custos.

Experiências de fornecimento
- Liderar um projeto corporativo complexo.
- Gerenciar o compromisso da empresa com um grande fornecedor.
- Liderar a mudança na área de sustentabilidade, implicando investidores internos/externos, incluindo fornecedores.
- Liderar uma importante transição de fornecedores, incluindo a gestão de riscos, representação dos valores de nossa empresa e a comunicação com os investidores.

Experiências de produção
- Gerir uma instalação com mais de cinquenta funcionários, com um mix de profissionais e parceiros de produção.

Experiências de gestão necessárias

Experiências de ciclo de vida
- Liderar um novo mercado para nossa empresa.
- Liderar a transformação de uma grande instalação ou mercado.

Experiências de gestão
- Gerir em um ambiente de matriz.
- Construir uma equipe a partir do zero.
- Liderar com mais de quatro níveis de organização respondendo a mim.

Experiências geográficas
- Viver e trabalhar em dois países diferentes do meu, em que pelo menos em um se fale outra língua.

Prováveis barreiras ao meu plano	Como vou superar as barreiras
• _____	• _____
• _____	• _____
• _____	• _____

Passo 3 - Evolua mais rápido

- **Experiências de ciclo de vida:** lidere setores diferentes de sua empresa ou uma evolução de produto. Lidere em uma situação decisiva, lidere uma startup, gerencie em um ambiente estável, trabalhe em um mercado em desenvolvimento ou em um totalmente maduro.
- **Experiências de gestão:** lidere em ambientes nos quais suas habilidades gerenciais sejam testadas. Melhore uma equipe de baixa qualidade, lidere uma grande equipe, gerencie uma equipe sobre a qual tenha influência, mas não autoridade; lidere em um ambiente de matriz, lidere em um ambiente altamente político.
- **Experiências geográficas:** tenha experiências longe de sua terra natal, em países cujo idioma não seja o seu nativo.

Selecione de quatro a sete experiências funcionais e três ou quatro experiências de gestão que considerar mais benéficas para você e registre-as em seu mapa de experiências pessoais. O mapa deve ser focado e realista – trata-se de um material de referência que você usará com regularidade para planejar seu crescimento e avaliar seu progresso.

O mapa de experiências pessoais é, agora, seu guia para aprimorar continuamente seu eu de alta performance. Fazê-lo será um de seus melhores investimentos de tempo. Reveja o conteúdo de seu mapa sempre que mudar de trabalho ou de empresa, e pelo menos de seis em seis meses, para garantir que ele seja sempre um guia útil e atual.

O processo de criação do mapa de experiências pessoais é o que minha empresa ensina a grandes companhias globais para acelerar o desenvolvimento de seus talentos; por isso, tenho certeza de que é uma abordagem altamente eficaz para você. Você pode usar o modelo disponível em http://somos.in/8PAP1 para fazer seu mapa.

Agora, você tem o controle sobre seu desenvolvimento porque conhece seu caminho de/para e tem o mapa de experiências pessoais. Mas há mais uma coisa a considerar.

Obtenha feedback e orientação prospectiva

Anteriormente, falamos sobre o ciclo simples de aprendizado – execução, feedback e repetição. Suas grandes experiências só têm importância se você as tratar como oportunidades de aprendizado e tirar delas cada grama de feedback e informação. No fim de cada experiência, reúna-se para uma entrevista estruturada com a pessoa que lhe deu a oportunidade (que pode ou não ser seu gestor) e pergunte:

- Além de entregar os resultados, o que você esperava que eu aprendesse com essa experiência? Acha que eu aprendi nada, alguma coisa ou tudo?
- Com base em minha performance, que conselho você me daria para experiências similares?
- Pode me dar outra sugestão de como ter uma performance melhor daqui para a frente?

Trabalhe em conjunto com o processo de desenvolvimento de sua empresa

Muitas empresas têm um processo anual no qual o gestor e o funcionário planejam o progresso deste. Seu mapa de experiências pessoais deve ser seu principal guia de carreira e complementar o plano de sua empresa. Para garantir que você obtenha o que necessita do processo de desenvolvimento de sua empresa, faça o seguinte:

- **Descubra qual é, para seu gestor, aquela "uma coisa".** Se você tivesse que apontar uma coisa que sua esposa, seu pai, sua mãe ou seu melhor amigo poderia fazer de diferente para ser melhor nesse respectivo papel, sua resposta provavelmente estaria na ponta da língua. Seu chefe também tem uma resposta imediata esperando por você – só é preciso perguntar. Foco e clareza são fatores poderosos no desenvolvimento, então, pergunte a seu gestor: "O que posso mudar este ano para ter uma performance superior à do ano passado?". A resposta deve se tornar sua principal meta no plano de desenvolvimento individual de sua empresa. Como você não terá tempo para concluir duas ou três atividades de desenvolvimento, concentre-se na que seu gestor acha ser a mais determinante.
- **Use seu mapa de experiências pessoais para tomar a frente.** Seu gestor não é especialista em desenvolvimento, e você não deve esperar que ele

tenha indicações certeiras para seu crescimento. Se você fez seu mapa de experiências pessoais, conduza a conversa dizendo: "Pensei em minha meta de evoluir para [posição], e acho que a próxima experiência que mais aceleraria meu desenvolvimento na carreira é _____". Ouça a resposta e, se seu gestor estiver de acordo com você, peça que sugira uma ação específica para ajudá-lo a obter essa experiência. Se ele não concordar, mas a sugestão dele estiver em seu mapa de experiências pessoais, ótimo! Se não, use suas habilidades para convencê-lo de que você terá uma alta performance na experiência sugerida por você. Se isso não der certo, indague-se se a sugestão de desenvolvimento dele dará seguimento a seu processo de produção pessoal.

Às vezes, as sugestões de desenvolvimento dos gestores são um passo estratégico que eles gostariam que você desse, por exemplo, participar de um treinamento. Nesse caso, concorde com a sugestão e, ao mesmo tempo, peça que apoiem a experiência que você busca como parte de seu mapa de experiências.

Ao planejar sua evolução, mantenha estas duas verdades em mente:

- **Seu gestor não é especialista em desenvolvimento.** Os gestores em geral são encarregados de criar os planos de desenvolvimento de seus funcionários, o que talvez faça você deduzir que eles são altamente qualificados nessa área. Mas lembre-se de que seu gestor não é especialista em desenvolvimento. A carreira dele talvez não lhe sirva de modelo, e é possível que ele não tenha ideias precisas sobre a melhor maneira de você progredir. É provável que ele nunca tenha sido treinado para criar um bom plano de desenvolvimento. Portanto, ele deve ser sim uma fonte de contribuições para seu plano de desenvolvimento pessoal, mas não a única.

- **O processo formal de desenvolvimento de sua empresa pode não ser suficiente.** Talvez você não queira terceirizar seu sucesso a seu empregador, e sim assumir a responsabilidade pessoal por ele. Essa mentalidade é útil ao analisar o processo de desenvolvimento individual de sua empresa. Segundo minha experiência, esse processo normalmente não é tão rigoroso quanto deveria. As metas de desenvolvimento às vezes são confusas. O gestor geralmente não é obrigado a acompanhar os planos de desenvolvimento. Participe do processo de sua empresa, mas tenha em mente que seu verdadeiro plano de desenvolvimento é aquele que você faz, atualiza e usa para acompanhar seu crescimento profissional.

Em suma, pessoas de alta performance assumem seu desenvolvimento e se responsabilizam por atingir suas metas.

Resumindo

Você alcança a alta performance com ótimos resultados e os comportamentos certos. Você mantém a alta performance desenvolvendo constantemente suas capacidades e habilidades para se preparar para experiências maiores, mais desafiadoras e enriquecedoras para sua carreira. A maneira mais segura de crescer mais rápido é completar com sucesso, e o mais rápido possível, o máximo de experiências funcionais e de gestão. Aprenda a identificar essas experiências com os melhores de sua área, mas depois construa seu próprio caminho ao longo delas. Você sempre será o melhor defensor de sua carreira.

Agora você tem ótimos resultados, bons comportamentos e um plano para melhorar continuamente. O Passo 4, "Relacione-se", mostrará como construir fortes networks internos e externos que possibilitem e sustentem seu sucesso.

O que pode atrapalhar

- **Minha empresa quer que eu assuma uma tarefa fora de meu país, mas não sei bem se é a coisa certa a fazer.** Sair de seu país será uma das maiores experiências de desenvolvimento de sua carreira. Isso lhe dará uma perspectiva completamente diferente do mundo e da cultura de seu país e de como o trabalho é realizado em outras partes do mundo. A experiência em outro país é um importante diferencial de sucesso para muitas empresas globais; portanto, a menos que seja impossível se mudar para outro lugar, você deve aceitar o trabalho. Ao recusar uma oferta como essa, você estará limitando suas chances de provar aos outros que é um profissional de alta performance.

- **Um plano de desenvolvimento não deveria incluir comportamentos e habilidades?** Comportamentos e habilidades são extremamente importantes. Conforme adquirir experiências, ganhará também novas habilidades e treinará novos comportamentos. Se deseja desenvolver uma habilidade ou comportamento específico, identifique que experiências possibilitarão a você aprimorá-lo de maneira produtiva.

- **Minha empresa tem um modelo de competências ou de condutas que deveria pautar meu desenvolvimento. O que é esse modelo e como devo conectá-lo às minhas experiências?** Um modelo de competências descreve os comportamentos que sua empresa deseja que seus colaboradores apresentem ou as habilidades que acredita serem importantes para determinada função. Caso uma competência seja, por exemplo, "administrar mudanças", o modelo descreverá que comportamento é esperado em relação a essa competência e alguns exemplos. Esses modelos são úteis, mas não dizem como desenvolver as competências. As experiências são a maneira mais rápida de

desenvolver competências, e se seu gestor insistir em medir ou discutir essas habilidades, pergunte a ele que tipo de experiência pode ajudar você a construí-las mais depressa.
- **Se a instrução formal representa apenas 10% do aprendizado profissional, devo participar de algum curso oferecido por minha empresa?** Os cursos oferecidos pelas empresas fornecem estruturas, ferramentas e oportunidades de discutir ou treinar conceitos antes de colocá-los em prática. Por essas razões, a instrução formal pode ser muito valiosa. Certifique-se de que não estará substituindo por um curso o aprendizado que poderia obter por meio de uma experiência.
- **Minha empresa parece não priorizar as experiências como uma maneira de crescer.** Tudo bem. Peça a seu gestor para ajudá-lo a adquirir as experiências descritas em seu mapa de experiências pessoais. Antes de conversar com ele sobre seu desenvolvimento, revise o mapa e prepare-se para solicitar experiências específicas. Nessa conversa, descreva:
  - Os benefícios desse plano para seu gestor ou empresa, por exemplo: "Com essa experiência, eu poderei fazer tal coisa por você, a qual não posso fazer agora"; "Com isso, poderei treinar outras pessoas"; "Se me desenvolver de tal maneira, a empresa poderá contar comigo para isso ou para aquilo".

- Como você planeja ser bem-sucedido com a experiência. Por exemplo: "Lançarei mão de tais habilidades, desenvolverei tais novas capacidades, demonstrarei tais tipos de comportamentos, poderei receber tal tipo de feedback para corrigir minha rota".

Tranquilize-o em relação à preocupação com a possibilidade de você deixar o departamento ou a empresa quando adquirir essas novas habilidades (diga-lhe coisas como: "Essa experiência me permitirá contribuir ainda mais com nossa equipe"). Se seu gestor recusar várias vezes sua solicitação de novas experiências, peça uma avaliação transparente (por exemplo: "O que posso fazer para estar em condições de ter uma experiência como essa no futuro?"). Talvez ele ache que as experiências que você está propondo sejam de um nível avançado, que sua atual performance ainda está abaixo do esperado para que invistam em você ou então que acha que você terá um aprendizado mais produtivo em sua atual função.

- **Eu trabalho em uma empresa pequena, onde não consigo muitas experiências.** Lembre-se de que as experiências não são os trabalhos em si. São oportunidades de desenvolver suas habilidades, de modo a entregar ou passar a executar funções que você nunca entregou ou executou antes. De acordo com essa linha de raciocínio, existem outras experiências que sua empresa oferece? Sempre há projetos especiais. Algum deles pode oferecer uma nova experiência? Você pode acompanhar um colega em um cargo diferente ou que trabalhe em uma função sobre o qual gostaria de saber mais? Se não conseguir encontrar experiências que impulsionem seu desenvolvimento, terá que decidir se sua empresa realmente pode ajudá-lo a alcançar suas metas em relação à carreira.

Recorde e aplique

As pesquisas dizem:

- Ampliamos nossa competência profissional em cerca de 70% por meio de nossas experiências; em cerca de 20% através de outras pessoas; e em cerca de 10% por meio de instrução formal.
- Você terá um aproveitamento máximo de suas experiências se incluir desafios diversificados (geográficos, de ciclo de vida, de gestão) e adversos (encontrar soluções para novos problemas para ser bem-sucedido neles).

Você deve:

- Criar seu mapa de experiências pessoais, pedindo a especialistas em sua área que o ajudem a identificar aquelas que podem ser significativas para você.
- Criar seu plano de desenvolvimento individual – seu guia vitalício de como alcançar uma alta performance.
- Avaliar regularmente se está tendo o melhor aproveitamento possível em relação a experiências de aprendizado – e, caso não esteja, reorientar-se o quanto antes para mudar isso.

Tente usar:

- Mapa de experiências pessoais (Figura 3.3).

PASSO 4

Relacione-se

O presidente Lyndon Johnson conquistou e usou seu poder de maneiras que muitos considerariam descaradamente manipuladoras. Mestre da influência, ele foi eleito senador dos Estados Unidos aos 40 anos (a idade média dos senadores, na época, era 58 anos) e o mais jovem líder da maioria do Senado aos 45.[1] O historiador Robert A. Caro, que ganhou dois prêmios Pulitzer por seus livros sobre Johnson, descreve a deliberada abordagem do governante para construir suas conexões:

> Johnson escolheu brilhantemente seus mentores – e o fez de forma deliberada. Assim que foi eleito senador – antes mesmo de tomar posse –, ele procurou Bobby Baker, um garoto de apenas 21 anos que trabalhava no vestiário do Senado. Johnson ouvira dizer que Baker sabia "tudo o que se passava debaixo dos panos" e queria que o garoto lhe contasse não as regras do Senado, mas quem as ditava.

A resposta: o poder no Senado estava nas mãos de apenas um homem, Richard Russell. Esta talvez tenha sido a informação mais importante que Lyndon Johnson adquiriu em seu primeiro ano no cargo. E qual foi o primeiro ato de Johnson no Senado? Não foi se levantar e discursar ou apoiar leis, mas se aproximar de Richard Russell.

A maioria dos políticos – talvez todos, com a exceção de Lyndon Johnson – chega ao Senado e procura o comitê mais poderoso e mais prestigiado possível, mas não foi isso que Johnson fez. Sabendo que Russell detinha o poder no Senado, Johnson checou qual era seu comitê – as Forças Armadas – e então pediu para fazer parte dele. Como ninguém mais queria entrar nesse comitê, ele entrou direto.

[...]

Johnson jogou com as vulnerabilidades de Russell, um homem solitário e que não tinha vida fora do Senado. Todos os sábados, ele ia ao Capitólio por não ter outro lugar aonde ir. Então, Johnson passou a também frequentar o Capitólio aos sábados. Russell comia em pequenas lanchonetes nas redondezas, e Johnson começou a acompanhá-lo a algumas hamburguerias depois do trabalho. Logo estavam almoçando juntos quase todos os dias. Russell adorava beisebol, mas não tinha companhia para ir aos jogos. Johnson não tinha interesse algum pelo esporte, mas disse a Russell que adorava e passou a acompanhá-lo nas partidas. E Johnson o bajulava escancaradamente, como fazia com todos os homens mais velhos. Russell orgulhava-se do próprio talento legislativo; e Johnson o apelidou de "Velho Mestre". Quando Russell lhe dava um conselho, Johnson dizia: "Eis uma lição do Velho Mestre. Jamais me esquecerei dela".[2]

Por que isso é importante

Johnson dominava a arte de se relacionar, mesmo que provavelmente não conhecesse a poderosa ciência por trás dos benefícios de agir dessa forma. A ciência mostra que estratégias de influência e capacidade de relacionar-se com os outros são fatores surpreendentemente eficazes para que você obtenha de seus superiores e colegas aquilo de que necessita. Sua capacidade de obter esses recursos e relacionamentos adicionais é essencial para que você alcance sua máxima performance teórica. E o melhor: você tem o controle quase total de sua capacidade de se relacionar.

Apesar dos benefícios comprovados cientificamente, talvez você fique um pouco apreensivo, envergonhado ou mesmo incrédulo em relação às estratégias que descreverei a seguir. Você não está sozinho. Uma pesquisa publicada em um artigo[3] aponta que muitas pessoas são resistentes à orientação de construção de um network, principalmente por considerá-la uma ideia fútil, audaciosa ou moralmente questionável. Para a nossa sorte, a construção de um networking não é algo fútil, já que comprovadamente funciona. No começo, pode até parecer ameaçador, mas, como tudo aquilo que é desafiador, com o passar do tempo você ficará cada vez mais confortável com a ideia.

A única coisa que precisa decidir é se investir em relacionamentos estratégicos está de acordo com seus valores morais.

Se não tiver total segurança em relação às estratégias que descreverei neste capítulo, pense nas palavras do professor Jeffrey Pfeffer, que leciona um curso extremamente popular na Stanford Graduate School of Business e que em suas aulas trata do tema poder. Ele diz:

> Tenho cada vez mais certeza de que pessoas poderosas não são necessariamente mais espertas que as outras. Dado certo nível de inteligência e hierarquia, todo mundo é esperto. A diferença está na habilidade política de cada um [...]. Quem tem poder: a) compreende que o mundo nem sempre é justo e aceita esse fato; b) compreende as bases e estratégias para adquirir poder; e c) tem habilidade para apresentar atitudes coerentes com sua sabedoria.[4]

Pfeffer diz abertamente – e com respaldo científico – que estratégias que o ajudem a se relacionar com os outros beneficiarão sua carreira. É por isso que "Relacione-se" é o Passo 4 para uma alta performance.

Assim como em cada um dos oito passos, você pode escolher acatar ou não esse conselho. Mas, nesse segundo caso, devo adverti-lo que provavelmente você estará conscientemente subaproveitando seu desempenho.

As extensas pesquisas sobre os benefícios de construir bons relacionamentos dizem:

- **Bajule que tudo funcionará melhor.** Bajular os outros pode trazer benefícios em quaisquer situações de trabalho – conquistará melhores avaliações de performance, entrevistas mais bem-sucedidas, ligações mais estreitas com colegas, e assim por diante. Talvez essa não seja sua conduta preferida, mas ela funciona quando usada. A estratégia oposta, de defender agressivamente um ponto de vista, também foi testada. O resultado? Em geral, o tiro sai pela culatra.[5]
- **Relacionamentos podem alavancar uma performance fraca.** Colaboradores que apresentam baixo desempenho, mas que têm uma ótima relação com seus gestores, obtêm classificações de performance mais altas, ainda que pragmaticamente tenham apresentado resultados piores. Não há prova mais contundente das vantagens de ser bem relacionado do que o fato de evidentes baixas performances serem ignoradas por conta de laços estreitos estabelecidos com algum superior.[6]
- **Você progride junto com o seu chefe.** Um bom relacionamento com seu gestor aumenta suas chances de promoção. Além disso, a rápida promoção de um gestor possibilita a rápida promoção de seus subordinados.[7]
- **Bom network, bons resultados.** Aqueles que constroem networks mais fortes têm salários mais altos, recebem mais promoções ao longo da carreira e têm mais satisfação profissional. A questão

não é só quem você conhece, mas também quantas pessoas conhece.[8] Aqueles que se relacionam melhor apresentam uma performance melhor, pois conseguem mais opiniões, favores e soluções.[9]

A ciência atesta que sua personalidade e habilidade política afetam diretamente sua capacidade de se relacionar e influenciar, incluindo:

- **O contexto prevê quem se conecta melhor.** Tanto os introvertidos quanto os extrovertidos conseguem se relacionar de forma eficaz, mas o contexto interfere no tipo de pessoas com quem se conectam. Os introvertidos tendem a exercer mais influência em ambientes técnicos, onde o foco principal são as tarefas. Já os extrovertidos se dão melhor em situações em equipes, em que seu interesse espontâneo em criar laços representa uma vantagem.[10]
- **Pessoas que se relacionam bem são mais positivas.** Quem se relaciona bem é mais autoconfiante, produtivo e comprometido e tem mais satisfação no trabalho, crenças organizacionais, apresenta mais comportamentos positivos e sucesso na carreira, além de gozar de boa reputação.[11] As pesquisas não afirmam claramente se o relacionamento influencia na positividade ou vice-versa.
- **Pessoas políticas têm vantagem.** A capacidade de dominar as boas políticas favorece aquele que

a detém; em ambientes políticos, muitas pessoas acabam se sentido insatisfeitas, desmotivadas, mais estressadas e com vontade de sair da empresa.[12] Aqueles que conseguem dominar um ambiente político têm uma clara vantagem de performance sobre os que não conseguem.

- **Seus colegas vão ficar de olho.** Puxar o saco pode funcionar bem com seu chefe, mas lembre-se de que seus colegas estarão assistindo a esse jogo. Se eles acharem que você está forçando a barra, ou muito obviamente tentando criar uma conexão, isso pode prejudicar sua reputação e seu network. Quanto mais você se beneficiar de uma boa relação com seu gestor, mais riscos seus comportamentos representarão para sua reputação e seu relacionamento com seus pares.[13]

O que fazer

Você precisa desenvolver e implementar ativamente uma estratégia para se relacionar melhor com seu gestor, colegas, subordinados e com seu network externo. Cada conexão fornece benefícios exclusivos, mas requer uma tática diferente para ser bem-sucedida.

Relacione-se com seu gestor

Seu gestor imediato é seu relacionamento de trabalho mais importante. A ciência claramente concluiu que a força desse laço exerce grande influência em seu sucesso.

Sua construção prioritária de um relacionamento estreito e frutífero deve ser com ele. As táticas que vai usar para isso são bastante simples.

Ter uma boa performance

A entrega consistente de bons resultados é a base para um bom relacionamento com seu chefe. Sua alta performance faz que ele seja bem-visto e reduz o esforço dele para administrá-lo – ou seja, ele sai ganhando em dobro. Embora a ciência diga que se você é bom em bajular seu chefe sua performance tem uma importância menor, essa é uma estratégia bastante arriscada em longo prazo. Em algum momento, você terá um novo chefe, o qual possivelmente considerará sua bajulação apenas um *adicional*, e não um substituto de sua performance.

Ajudar a entregar o que importa

Seu chefe quer ser bem-visto por seus superiores e pelos que o cercam. Uma estratégia infalível de conexão é saber o que beneficia a imagem dele e ajudá-lo a chegar lá. O jeito mais fácil de saber é perguntando, por exemplo: "O que você tem planejado agora?"; ou "Que resultado, projeto ou métrica você pretende realizar para impressionar neste ano ou trimestre?".

Depois de conhecer suas preocupações, identifique e ofereça soluções específicas para ajudá-lo. Não pergunte coisas como: "Você precisa de algum tipo de ajuda?", em vez disso, chegue com opções de como você pode ser útil.

Se ele tiver uma grande apresentação para fazer, ofereça-se para fazer pesquisas, coletar dados, organizar ou revisar a apresentação. Se tiverem em vista uma reunião de vendas, ofereça-se para realizar pesquisas sobre a empresa-alvo, seus produtos ou sua equipe executiva.

Faça um esforço consciente nesse sentido. É provável que você seja o único a fazê-lo, o que torna essa conduta ainda mais eficaz. Mesmo que seu gestor diga não da primeira vez, mostre-se disponível regularmente. Você será recompensado por suas boas intenções.

Bajular

Não importa quão modestos sejamos, é impressionante o quanto gostamos de ouvir elogios sobre nossas capacidades e realizações. Então diga ao seu gestor coisas como: "Ótima apresentação" ou "Você demonstra que realmente entende tudo o que acontece por aqui". As pessoas adoram ser elogiadas e enxergam mais positivamente aqueles que as elogiam.[14] Embora seja possível perder a mão, a ciência diz que mesmo quando sabemos que estão sendo falsos conosco, ainda nos sentimos bem com os elogios.[15] Seu chefe é humano e, assim como você, tem inseguranças. Você cairá em suas graças se conseguir fazê-lo sentir-se bem consigo mesmo e com seu valor para a empresa.

Oferecer amizade pessoal verdadeira

A maneira mais óbvia de construir um relacionamento estreito é tornando-se amigo de seu chefe. Esse relacionamento positivo pode lhe proporcionar grandes benefícios, os quais terão duração maior que os que você obtiver através de qualquer outro relacionamento estratégico de negócios. Você deve construir essa amizade como faria com qualquer outra pessoa, com contatos regulares, demonstrando que é confiável, ouvindo e agindo de maneira generosa.

Fique atento também aos interesses pessoais de seu chefe. Você não precisa se tornar especialista em corridas de lancha *offshore*, críquete, *patchwork* ou qualquer hobby peculiar que ele tenha; mas se ele mencionar ou demonstrar algum interesse específico, faça perguntas sobre o assunto ocasionalmente. Não finja um conhecimento que não tem a respeito do assunto favorito dele. Você perderá muitos pontos se disser que adora Fórmula 1, mas não for capaz de dizer o nome de seu piloto, equipe ou circuito favoritos.

Embora qualquer um possa aplicar essas táticas, as mulheres se envolvem com menos frequência que os homens no gerenciamento de impressões. Seja se autopromovendo, puxando o saco ou defendendo agressivamente seu ponto de vista, os homens em geral têm mais tendência a se conectar e persuadir ativamente as pessoas com quem trabalham.[16] Algumas dessas táticas são incrivelmente eficazes para melhorar a qualidade e a profundidade dos relacionamentos mais relevantes. Quando as mulheres abrem mão de usar essas táticas para crescer na carreira, limitam seu sucesso. São comportamentos totalmente controláveis e passíveis de ser aprendidos – e as mulheres devem se valer deles para se posicionar melhor e apresentar alta performance.

Relacione-se com seus colegas

Seus colegas desempenham um papel único na sua busca por alta performance. Embora não tenham poder direto sobre seu sucesso, exercem influências significativas. A criação de laços estreitos com eles pode ajudá-lo a crescer ao garantir que não fiquem no seu caminho, ainda que tenham pouca capacidade de fazê-lo evoluir na empresa. Quatro coisas ajudarão você a se relacionar bem com eles.

Conhecê-los bem

Você só entenderá a melhor maneira de se relacionar com seus colegas se conhecê-los bem. Não importa se trabalha em uma empresa grande, pequena, na Europa, Ásia ou América do Norte, com apenas uma unidade ou com diversas espalhadas pelo mundo; você precisa traçar um plano e agir para conhecer pessoalmente cada colega-chave. Telefone, marque um almoço, uma cerveja, um café ou qualquer outro tipo de conexão significativa com cada um desses pares importantes ao menos uma vez por trimestre. Não estou falando aqui de dizer um "oizinho" rápido no refeitório, mas sim de agendar um "olá, quero saber como estão as coisas", com o objetivo de entender o que acontece com eles no trabalho, e talvez até em casa. Você não precisa gostar de todos igualmente, mas não terá como saber de que forma trabalhar melhor com seus colegas enquanto não conhecê-los bem.

Relacionar-se mais com os melhores

Sua reputação depende de seus relacionamentos com muitos colegas, mas seu futuro será mais influenciado pela relação com seus colegas de alta performance. Eles talvez estejam concorrendo à mesma promoção ou oportunidades que você, o que torna importante deixar claro que você não os apunhalará pelas costas e que será bom tanto como chefe quanto como subordinado direto, dependendo de quem seja promovido.

Além disso, é provável que seu chefe confie em seus colegas de alta performance, portanto, quando eles falarem sobre você, seus comentários serão mais relevantes que os de um colega de baixa performance. Por fim, vale o bom e velho "diga-me com quem andas e te direi quem és"; afinal, você prefere ser visto entre os melhores talentos ou entre os medianos?

Dizer sim

Existe um conceito psicológico poderoso chamado "norma da reciprocidade". Esse conceito, em suma, afirma que somos programados para ajudar alguém que nos ajuda.[17] Faça uso dessa norma em benefício próprio dizendo sim quando seus colegas solicitarem ajuda, especialmente quando forem os de alta performance. Seja fornecendo algum recurso para apoiar diretamente um projeto, seja oferecendo dinheiro de seu orçamento quando precisarem. Comportamentos generosos como esses constroem sua imagem, e você ganha crédito com a pessoa a quem ajudou.

Pedir ajuda e aconselhamento

As pessoas ficam lisonjeadas quando lhes pedem sua opinião. Mesmo que você tenha uma estratégia, um planejamento ou um documento perfeitamente calculado, peça opinião a alguns de seus principais pares. Essa tática é especialmente eficaz quando há algo em seus planos que venha a conflitar com os deles, ou se você estiver se dedicando a um trabalho da área na qual eles também são especialistas. Seu pedido de aconselhamento os faz sentirem-se inteligentes, e você parecer humilde – e, de lambuja, talvez até obtenha algumas informações valiosas.

Relacione-se com seus subordinados

No Passo 2, "Comporte-se de forma a atingir uma alta performance", mostrei como a relação com seus subordinados diretos é essencial para um líder transformacional. O fator singular na conexão com seus subordinados diretos é que você já tem poder e autoridade sobre eles dentro da empresa. Portanto, é importante administrar esses relacionamentos – mas não tão importante quanto administrar bem o relacionamento com seu gestor ou seus colegas.

Construa seu network externo

Você terá uma performance superior se construir um network forte dentro e fora de sua empresa. Esse network lhe possibilita mais acesso a informações valiosas (o que está acontecendo em seu ramo; quem é importante conhecer), mais recursos (mais vizinhos para quem pedir uma xícara de açúcar) e mais pessoas que podem ativamente patrocinar e apoiar sua carreira.[18]

Os 50% fixos podem ajudá-lo ou atrapalhá-lo no processo de construção de seu network, já que pessoas extrovertidas têm uma tendência maior a criar laços dos mais variados tipos com mais facilidade, frequência e de maneira natural.[19] Mas como o tamanho e o calibre de seu network são fatores que interferem na performance, os introvertidos também precisam apresentar (ou fingir) determinados comportamentos para a construção de um network.

No Passo 2, você aprendeu que alguns comportamentos o ajudarão a tornar seu nome conhecido e que outros o auxiliarão a ser bem-sucedido e a se manter nessa posição. O mesmo se aplica à sua rede de contatos. Um network menor e mais restrito, mais relacionado com sua posição no trabalho (por exemplo, seus colegas de TI ou do financeiro), ajuda você a desenvolver credibilidade dentro de sua empresa. Essa rede de contatos interna é essencial para o seu sucesso no trabalho, mas, como seu alcance é pequeno, é uma rede que tem pouca probabilidade de alavancar sua imagem na profissão, aumentar o número de contatos com executivos de recrutamento ou acelerar seu crescimento na carreira.

Um network mais amplo significa que sua zona de alcance também será maior, estendendo-se a pessoas que podem fazer sua carreira decolar, que podem apresentá-lo a outros contatos importantes ou dar-lhe coach informal com foco no seu sucesso. Você pode construir essas redes de contato pessoalmente em eventos, conferências, reuniões de associações profissionais, cafés, almoços e jantares.[20]

Para os extrovertidos, talvez baste traçar um bom plano para a construção de um network; já os introvertidos, além de um bom plano, talvez precisem também de um empurrãozinho que os obrigue a superar seus medos. Se você é introvertido, como eu, lembre-se de que:

- **Todo o mundo gosta de falar sobre si mesmo.** Não se preocupe em conseguir preencher uma hora inteira de conversa espirituosa e cheia de casos fascinantes sobre seus interesses. As pessoas são naturalmente egocêntricas, e muitas vezes ficam contentes de compartilhar detalhes sobre si mesmas. Seu trabalho aqui é apenas memorizar perguntas que o ajudem a sustentar qualquer conversa (por exemplo, de onde a pessoa é, onde trabalhou antes, o que planeja fazer nas férias deste ano, o que gosta de fazer fora do trabalho etc.).
- **As pessoas gostam de ajudar (se for algo fácil ou em interesse próprio).** Em parte, as pessoas se conectam devido aos benefícios políticos, e a retribuição de favores é uma parte essencial da política (lembre-se da norma da reciprocidade). Se estiver se perguntando por que alguém gostaria de se relacionar com você, pense que essa pessoa talvez o veja como alguém que pode ajudá-lo hoje ou amanhã; que ela está construindo o próprio network;

que simplesmente é uma pessoa legal, ou que quer ajudar os outros a ser bem-sucedidos. Você deve usar essa poderosa questão psicológica em seu benefício. Facilite a conexão com essa pessoa. Vá até o escritório dela, ou a algum café próximo, marque uma reunião de não mais de trinta minutos e não peça nada além da manutenção desse contato.

- **As pessoas o notam menos do que você pensa (e isso é bom).** Nós acreditamos que os outros percebem nossas ações e aparência muito mais do que realmente o fazem. Esse fenômeno psicológico se chama efeito holofote. A preocupação em relação a como somos percebidos pelos outros nos deixa constrangidos e menos abertos a situações de network. Se você tem medo de falar ou fazer algo embaraçoso em uma longa conversa com algum novo colega ou contato, saiba que os outros não reparam em nós de maneira tão detalhada quanto pensamos.[21] E caso você venha a fazer alguma bobagem, como esquecer um nome importante no meio de uma conversa, as pesquisas dizem que não julgamos tão duramente os erros que podemos nos imaginar cometendo.[22]
- **Extrovertidos têm mais relacionamentos, mas não necessariamente relacionamentos mais relevantes.** A rede dos extrovertidos pode ser maior, mas em geral eles não têm relações muito mais profundas com seus contatos que os introvertidos.[23]

Existem muitas táticas de construção de network, mas eu recomendo que comece com uma base e uma estratégia sólidas.

Tenha um objetivo e seja objetivo

Você perceberá que é muito mais fácil criar seu plano de construção de network depois de estabelecer um objetivo claro. Seu intuito é aprender mais sobre sua função ou setor? Ou tornar seu nome mais conhecido para aumentar seu poder de influência? Ou tentar encontrar um novo emprego? Sua resposta determinará quão ampla ou focada deve ser sua base de contatos, o nível das pessoas com quem deve interagir, como manter uma conversa com elas etc.

Depois que seu objetivo estiver claro, trace seu plano. Quantos contatos você precisa fazer? Em quanto tempo? Em quais áreas ou locais? Quantos contatos reais (reuniões e ligações – e não contatos do LinkedIn) você fará por mês? Como avaliará seu progresso? Ter uma rede de contatos só traz benefícios a quem a constrói de fato. Para ser bem-sucedido na construção de um network, você precisa gerenciar e monitorar seu progresso, assim como faria com qualquer outro projeto importante.

Seja estratégico – nem todos os contatos têm o mesmo valor

Você quer se reunir com os contatos mais poderosos, mais bem classificados, proeminentes e respeitados que puder. Em seu network do dia a dia, tudo bem conhecer o diretor de suprimentos da fábrica local. Ele pode ser um sujeito legal e alguém com quem poderá conversar em eventos futuros. Mas, se seu propósito é acelerar seu crescimento na carreira, pessoas mais poderosas terão mais influência. Felizmente, as mesmíssimas estratégias de bajulação que você pode usar com seu chefe funcionam bem com outros indivíduos poderosos.

Convide-os para tomar um café, almoçar ou jantar com um objetivo claramente declarado: entender melhor o setor, aprender com as experiências profissionais deles etc. Diga coisas legais sobre as realizações deles; demonstre interesse pelos interesses deles. Eles ficarão contentes de compartilhar suas histórias e até em apresentá-lo a outras pessoas poderosas – porque pessoas poderosas costumam conhecer outras pessoas poderosas.

Seja o contato

Quando eu era executivo, ficava frustrado com empresas de networking que queriam vender uma rede de contatos: "Por 10 mil dólares, você poderá sair com outras pessoas de seu setor quatro vezes por ano". Eu logo pensava: "Posso ligar para dez pessoas de meu setor e simplesmente organizar uma grande reunião sem pagar nada a ninguém". Montei a New Talent Management Network com esse objetivo: ensinar os profissionais da minha área a aprender e a se conectar. Hoje em dia, ela é a maior empresa desse tipo, é 100% gratuita, oferece reuniões em cidades dos Estados Unidos e conduz pesquisas significativas no campo. Como até então não existia um network no qual eu acreditasse, comecei o meu próprio. Caso não exista um network que atenda a suas necessidades, comece um. Não há melhor maneira de criar uma rede de contatos que ser o próprio contato.

Use consultores externos como canais de contato

Em qualquer campo, existem consultores externos que regularmente batem à sua porta para lhe vender um produto ou serviço. Você provavelmente ignora a maioria deles. Comece a enxergar esses consultores como canais de contato. Todos os anos, eles visitam centenas de pessoas na mesma função ou setor que você. Diga a esses consultores que pode recebê-los em troca de ser apresentado a três grandes contatos.

Construa sua avaliação

Agora que você conhece os tipos de relações que deve ter e como, precisa traçar um plano e acompanhar sua estratégia de construção de relacionamentos. Você conseguirá criar laços mais fortes da mesma maneira que atinge qualquer outra meta: com foco e disciplina. Uma planilha estratégica de contatos pode ajudá-lo a acompanhar seus principais relacionamentos e planejar regularmente formas de fortalecê-los (veja o modelo na Tabela 4.1). Preencha a planilha com os principais nomes de sua rede, quando foi seu último contato com eles, quando pretende contatá-los novamente e tudo que o ajude a personalizar suas interações. Essa abordagem planejada garantirá aos extrovertidos que se concentrem nas poucas relações mais importantes e aos introvertidos que se relacionem regularmente, mesmo que para eles isso não seja natural.

Resumindo

Relacionar-se pode ser um dos elementos mais desafiadores no caminho para a alta performance, porque você não pode controlar diretamente o sucesso desse processo, porque existem convenções sociais que devem ser seguidas e porque algumas pessoas ficam naturalmente mais à vontade em estabelecer contato que outras. A ótima notícia é que uma rede de contatos irá multiplicar seu sucesso. Um network sólido lhe propiciará os contatos, as informações e os recursos que o ajudarão a ter uma alta performance. A ciência diz explicitamente que a construção de grandes relacionamentos, mesmo à base da bajulação, é capaz de fazer sua carreira decolar.

Agora você tem uma base sólida para uma alta performance constante, com grandes objetivos, os comportamentos certos, um plano para evoluir e um bom network para lhe dar suporte. Mas há mais algumas coisas que você deve levar em conta para extrair o máximo poder dos passos 1 ao 4. Quando você entende como as necessidades de sua empresa mudam, pode adaptar seus comportamentos e sua forma de pensar para manter sua performance elevada em quase todos os desafios profissionais. O Passo 5, "Otimize seu poder de adequação", vai lhe fornecer dicas e ferramentas para fazer exatamente isso.

Tabela 4.1 Planilha estratégica de contatos – 2019

Interno	Força do relacionamento	Último contato formal	Próximo contato formal	Principais considerações/Notas
Chefe	Média	Jan./2019 Almoço	Abr./2019 Almoço	A grande meta para o ano é que a inauguração da nova fábrica na Cidade do México seja bem-sucedida; preocupada com questão sindical; Suzie, sua filha, vai para a universidade em agosto.
Outro líder sênior	Forte	Mar./2019 Apresentação de relatório do projeto	Nada agendado	Buscando gerar um legado; desenvolver uma pequena lista de ideias que lhe dariam alta visibilidade e permitiriam uma saída positiva e de alta visibilidade para 2020.
Colega 1	Fraca	Nov./2018 Café no encontro de executivos	Abr./2019 Almoço	Preocupada com o lançamento de sistemas; ouvi dizer que ela acha que não posso ajudá-la; levar ao almoço de abril três ideias de como eu e minha equipe podemos ajudá-la; informar a ela tudo sobre os bastidores e sobre o que pode afetá-la.
Colega 2	Forte	Fev./2019 Durante jogo de futebol das crianças	Jun./2019 Juntos na mesma conferência	Tudo bem. Não esquecer de perguntar sobre a divisão de tempo que ela deseja para a apresentação da conferência. Oferecer-lhe a seção técnica, que é na qual ela pode "brilhar".
Colega 3	Média	Mar./2019 Reunião mensal de alinhamento	Abr./2019 Reunião mensal de alinhamento	Relacionamento no nível operacional; nenhuma oportunidade imediata para estreitar os laços. Dar a Juan, membro de sua equipe, a oportunidade de cuidar do Projeto Social para ganhar visibilidade.
Colega 4	Média	Dez./2018 Almoço	Abr./2019 Reunião de alinhamento de início de mês	Aumentar frequência de reuniões, dada a provável mudança dela para o marketing do Emea (Europa, Oriente Médio e África). Assegurar que ela conheça Madison, para colocá-la no cargo nº 2.

	Força do relaciona-mento	Último contato formal	Próximo contato formal	Principais considerações/Notas
Colega 5	Forte	Jan./2019 Drinques no Hoolihans	Abr./2019 Reunião de alinhamento de início de mês	Os encontros são bons, mas muito esporádicos; reuniões mensais me ajudarão a entender melhor sua programação para 2019.
Colega 6	Média	Mar./2019 Café	Abr./2019 Café	Ele se abre mais quando saímos do escritório, então, continuar com cafés mensais. Perguntar se ele está preocupado com o lançamento do Corn Crunchers; tive essa impressão na última conversa. Se sim, ver se está em contato com a Chicago Consulting Company.
Externo				
Contato 1	Média	Mar./2019 Ligação	Envio de matéria sobre estratégias de mídias sociais	Mencionou falta de estratégia de mídias sociais após dois contatos. Apresentá-lo a Chloe para uma conversa informal.
Contato 2	Fraca	Dez./2018 E-mail – sem resposta	Ligação e convite para café ou almoço quando estiver em Atlanta	Ouvi dizer que foi pescar atum na costa com Max em janeiro – mencionar isso na próxima conversa e falar sobre aluguel de barcos de pesca em San Diego.
Contato 3	Forte	Jan./2019 Visita ao escritório de Los Angeles	Maio/2019 Ela passará por aqui quando estiver em Paris	Mandar recomendações de restaurantes em Paris.
Contato 4	Média	Jan./2019 Visita ao escritório de Singapura	Abr./2019 Ligação para saber como estão as coisas	Descobrir tipos de contatos que seriam mais úteis para ela. Apresentar-lhe duas pessoas até junho.

O que pode atrapalhar

- **Eu acredito na construção de relacionamentos genuínos. Essa abordagem parece falsa.** Um contato de network pode ser um relacionamento genuíno se você for honesto sobre o motivo pelo qual está construindo essa relação. Se você disser a alguém que está entrando em contato para "conhecer outras pessoas do nosso setor" ou para "acompanhar as tendências atuais da nossa área", não importa se mais tarde utilizará essas informações ou relações para arrumar um emprego melhor ou vender mais produtos. A pessoa contatada provavelmente já supunha que você se valeria das informações compartilhadas e talvez até mesmo ficasse desapontada se o tempo gasto em conversas não trouxesse nenhum benefício.

- **Eu fico constrangido de convidar alguém de um nível hierárquico superior para um café ou almoço.** A menos que a cultura de seu país ou empresa desencoraje esse tipo de comportamento, você precisa construir ativamente relacionamentos com pessoas de nível hierárquico mais alto que o seu. São elas que tomam decisões sobre sua carreira, e quanto mais o conhecerem, mais positivas serão essas decisões. Se você não sabe como fazer o convite, diga que gostaria de saber mais sobre o cargo delas e o que fazem. Você também pode perguntar a alguém que as conhece bem se elas costumam aceitar esse tipo de convite. Mesmo que só duas de cinco pessoas que você convidar aceitem, você já terá criado duas novas relações, as quais podem ajudá-lo a ter uma alta performance.

- **Não posso gastar muito tempo fazendo contatos. Quem devo priorizar?** Você deve construir um forte laço com seu gestor e com dois ou três pares de performance superior. Fora da empresa, relacione-se com a pessoa mais influente de seu campo. Talvez tenha que convidar dez contatos externos até conseguir marcar com um deles, mas você se beneficiará com as ideias e conexões de qualquer profissional de muita influência em seu campo de atuação.
- **Eu não deveria investir mais tempo me relacionando com meus subordinados diretos?** Como gestor, você naturalmente precisa interagir com seus subordinados diretos, mas talvez não esteja investindo tempo com seus pares ou chefe. Se seus subordinados diretos já estiverem engajados e produtivos, investir muito mais nessas relações pode reduzir seu já limitado tempo para criar outros laços, tanto com pessoas do seu nível quanto com superiores.

Recorde e aplique

A ciência diz:

- Os extrovertidos se relacionam com mais naturalidade, mas não possuem networks de maior qualidade que os introvertidos.
- Pessoas com networks maiores têm salários mais altos, mais promoções e maior satisfação durante a carreira.
- As pessoas têm mais interesse em se conectar quando veem benefícios óbvios para si, mas, normalmente, responderão positivamente a seu convite, devido à norma de reciprocidade.

Você deve:

- Estabelecer um relacionamento sólido com seu chefe, baseado tanto em sua excelente performance quanto em uma estratégia ativa para ajudá-lo a melhorar o próprio desempenho e, assim, ser bem-visto pelos outros.
- Identificar seus pares de performance superior e construir um relacionamento sólido com cada um deles, compreendendo suas necessidades, ajudando-os sempre que possível e engajando-se em comportamentos sociais, como tomar um café ou almoçar com eles.
- Identificar as pessoas mais influentes em seu campo e construir relacionamentos com algumas delas, demonstrando que você é um seguidor leal e que quer ajudá-las a ser ainda mais bem-sucedidas.

Tente usar:

- Planilha estratégica de contatos (Tabela 4.1).

PASSO 5

Otimize seu poder de adequação

Mais de um terço das empresas que você conhece hoje não existirão daqui a 25 anos. A velocidade do ciclo de vida corporativo – nascimento, crescimento, sucesso e fracasso – aumentou tão depressa que a previsão é que as empresas de médio porte de hoje existirão por menos de onze anos.[1] Como essas empresas mudam rapidamente, aquilo que buscam em seus líderes e colaboradores também muda. Isso significa que as competências que o levaram a ser bem-sucedido em uma parte do ciclo de vida da empresa podem deixar de ser valiosas quando a empresa estiver em um novo estágio.

Você desempenhou um grande papel no crescimento da empresa? Muito bem, mas, agora que a empresa está passando por uma guinada, o que pode fazer por ela? Você se sente orgulhoso por ter sido um bom líder no período de transição? Bom, o período de transformações acabou e, embora seja grata a você, a empresa não precisa mais de alguém para agitar as coisas. As empresas mudam mais depressa que as pessoas. Você só terá uma alta performance se conseguir adaptar suas capacidades e abordagem às necessidades de sua empresa neste momento. Veja a história de dois CEOs da Coca-Cola que aprenderam essa lição da maneira mais difícil.

Ajuste, falha e recuperação na Coca-Cola

Em 1997, a diretoria da Coca-Cola entendeu que profundas mudanças abalavam seu setor. Foi nesse ano que a empresa escolheu seu CFO, Doug Ivester, como substituto do lendário CEO da empresa Bob Goizueta, que sofria de uma doença terminal.

A Coca-Cola havia dominado o mercado de bebidas por décadas, mas o surgimento de águas engarrafadas, bebidas energéticas e outras bebidas alternativas passou a ameaçar a posição de liderança da companhia. A Coca precisava reagir, lançar produtos inovadores e se reorganizar para navegar com rapidez e agilidade nesse novo cenário – e Goizueta remodelou a estratégia da empresa para que ela acompanhasse esse movimento.

Ivester, um veterano com dezoito anos de Coca-Cola, era tido como um líder brilhante e controlador, tendo se tornado CFO da icônica empresa aos 37 anos. Contador por experiência, ele tinha um controle magistral dos detalhes e um profundo orgulho de sua perspicácia financeira. Certa vez, chegou a dizer: "Eu sei perfeitamente como as engrenagens funcionam, e posso gerar tanto dinheiro que deixaria todo o mundo atordoado". Com tamanha habilidade, Ivester poderia entregar excelentes resultados como CFO, mas seria essa a matéria-prima necessária para cumprir bem o papel de próximo CEO da Coca-Cola?[2]

Ao promover Ivester, o conselho de diretores da empresa apostava que inteligência, agressividade e cuidado com os detalhes eram habilidades que beneficiariam o futuro CEO. De fato, são excelentes competências; no entanto, nos anos 1990, a estratégia da Coca-Cola exigia inovação e agilidade de mudança.

Segundo a ciência, inovação e agilidade de mudança são características de líderes que conseguem se relacionar pessoalmente com os subordinados, comunicar orientações claras e confiar na ampla autonomia dos membros de suas equipes.[3] Esses não eram os pontos fortes de Ivester, que era conhecido por ser um líder controlador, metódico e reservado.[4]

O desajuste entre as necessidades da Coca e as capacidades de Ivester veio à tona rápida e dolorosamente. Nos dois anos após sua nomeação como CEO, os lucros da companhia despencaram, e seu valor de mercado, em constante crescimento havia dezesseis anos, desacelerou. Os engarrafadores, parceiros e funcionários enxergavam em Ivester um líder inacessível.[5] Pouco depois de completar dois anos como CEO, o conselho da Coca-Cola forçou a saída de Ivester da empresa.

O conselho escolheu então Doug Daft, um executivo de longa data da Coca-Cola, para substituir Ivester como CEO. Ele já havia liderado divisões da empresa na região Ásia-Pacífico e era reconhecido por sua competência em decisão por consenso e diplomacia, mas não por ser um forte comunicador; havia quem o considerasse um líder indeciso. A posição da Coca-Cola ainda exigia uma estratégia de inovação e transformação, mas a capacidade de Daft em se adaptar a essas necessidades não parecia melhor que a de Ivester.

Pouco depois de assumir o cargo de CEO, Daft anunciou uma grande reestruturação para reduzir custos na sede da Coca-Cola, em Atlanta, o que dava a impressão de que ele estava menos focado na estratégia de crescimento e inovação e mais na criação de uma organização eficiente. Sob a liderança de Daft, a Coca-Cola apresentou anos de resultados inexpressivos, que derrubaram o preço de suas ações e enfraqueceram a capacidade da empresa de competir com a Pepsi. Ele anunciou sua aposentadoria apenas quatro anos depois de assumir o cargo.

E mais uma vez o conselho da Coca precisava de um novo CEO, o quarto em apenas sete anos – uma busca que virou um embaraçoso espetáculo público. Nos meses seguintes, foram divulgados publicamente os nomes dos CEOs que haviam recebido a oferta para ocupar o cargo – todos recusaram. Por fim, o conselho contratou Neville Isdell, um antigo executivo aposentado da Coca.

As palavras e ações de Isdell logo deixaram claro que ele se encaixava bem na estratégia de inovação e transformação da Coca-Cola. Ele rejeitou a premissa de que a companhia deveria competir com o preço da concorrência, voltou a investir nos profissionais e com frequência declarava, claramente, o rumo que desejava para empresa.

Isdell aparentemente se adaptou bem às novas necessidades da companhia e às demandas por estratégias inovadoras. Em pouco tempo, o preço das ações e a participação de mercado da Coca em relação à Pepsi se recuperaram.

No entanto, sete anos de lideranças incapazes de se adaptar custaram caro à Coca-Cola e a seus dois CEOs anteriores.

Por que isso é importante

A lição que tiramos desse período de adversidade enfrentado pelos CEOs da Coca-Cola é sobre adequação, não sobre fracasso. Todos eles eram muito inteligentes, extremamente capazes e talentosos, mas ninguém consegue se destacar em tudo. Quando suas competências estavam alinhadas às necessidades da empresa (Ivester, por exemplo, era brilhante na área de finanças), produziam resultados maravilhosos. Mas, quando havia lacunas na adequação, eram desastrosos.

Se suas competências e interesses pessoais correspondem ao que sua empresa necessita, você está mais bem posicionado para ter sucesso. É essa adequação, e não apenas sua capacidade de brilhar, que ajuda a predizer uma boa performance. Infelizmente, as histórias sobre líderes de alta performance em geral focam em suas qualidades singulares – potência intelectual, carisma ofuscante, conhecimento de mercado. Porém, a alta performance é composta de duas faces: aquilo que você é capaz de entregar e aquilo que sua empresa precisa que você entregue. É muito mais provável que você atinja uma alta performance se conseguir dominar o equilíbrio entre essas duas partes.

A adequação é importante porque as empresas mudam conforme as necessidades do mercado e dos clientes, à medida que seus produtos amadurecem, ou quando encontram novas oportunidades de negócios. Essas transformações podem significar mudanças também na forma como elas administram os negócios e na cultura que possibilitará seu crescimento. Quando esses pilares da empresa mudam, é comum que mude também o que ela demanda de seus talentos.

A empresa pode, em determinado momento, ter valorizado o audacioso e brilhante líder de vendas que sempre bate as metas, mas sua abordagem ao estilo "custe o que custar" enfraquece o novo propósito da empresa de realizar uma execução mais disciplinada e eficiente. A experiente gestora que faz seu trabalho em silêncio, é extremamente introvertida e avessa a correr riscos terá problemas para pôr em ação as mudanças audaciosas exigidas pela companhia que acabou de comprar a empresa para a qual ela trabalha.

Se você acha que seus pontos fortes serão sempre fortes, pense bem. Como as empresas mudam mais depressa que as pessoas, uma performance considerada alta pode, da noite para o dia, passar a ser vista como mediana, caso a empresa sofra uma mudança em seus padrões.

Profissionais de alta performance constantemente adéquam e otimizam suas competências de acordo com as necessidades da empresa. Eles sabem que a capacidade de modificar rapidamente seus comportamentos para se alinhar a novas estratégias e demandas os torna mais versáteis e valiosos, além de, dessa forma, terem mais oportunidades de demonstrar uma performance ainda melhor. O Passo 5 para a alta performance é "Otimize seu poder de adequação".

O que já sabemos

A ciência afirma que profissionais que conseguem se adequar à organização para a qual trabalham produzem melhores resultados porque estão mais satisfeitos com seus empregos e mais comprometidos com a empresa.[6] Esse é um conceito científico bastante intuitivo e poderoso chamado – não surpreendentemente – adequação indivíduo-organização.[7] Mas como se adequar a uma empresa?

A ciência sugere que existem duas maneiras principais de as pessoas se adequarem à estratégia de uma empresa e ao nível de transformação que esta demanda.[8] A "estratégia" descreve como sua empresa planeja vencer a concorrência. A "transformação" descreve o grau de turbulência que você precisará administrar enquanto isso acontece. Sua adequação à estratégia e às transformações ajudará a predizer se você terá uma alta performance. Esses dois elementos também evoluem de tempos em tempos nas empresas, motivo pelo qual se faz necessário um monitoramento ativo de sua adequação.

As empresas mudam depressa. Por essa razão, seus executivos atualizam regularmente a estratégia da companhia para responder às flutuantes condições do mercado, às mudanças regulatórias, ao movimento dos produtos durante seu ciclo de vida e a muitos outros fatores. Em um período de doze meses, uma empresa pode passar de uma situação de crescimento para uma de recuperação, ou de uma situação de desenvolvimento de produtos de ponta para a tentativa de se transformar em um fornecedor de baixo custo. A empresa pode rapidamente alterar seus processos e práticas para se adequar a mudanças diversas, mas é muito mais desafiador para os colaboradores conseguir que seus comportamentos e capacidades se alterem com a mesma velocidade.

Pessoas mudam lentamente. Nossos 50% fixos não se alteram de forma significativa, e mesmo alguns aspectos dos 50% flexíveis podem atuar contra nossa capacidade de mudar. Se você se esforçou por dez anos para entregar resultados, comportar-se e crescer de maneira a se adequar à estratégia de constância e baixo custo de sua empresa, provavelmente desenvolveu grandes talentos nessa área. Você teve dez anos de prática e dez anos para alinhar sua forma de pensar a esses objetivos. Mas e se, de repente, sua empresa lhe pedisse inovação, e rápido? Esse é um momento crucial, que pode distinguir os colaboradores que manterão a alta performance daqueles que vão derrapar. O primeiro passo para maximizar sua capacidade é reconhecer como você e sua empresa influem na sua adequação.

Como você influencia a sua adequação

Você tem seu jeito de trabalhar e prefere determinado perfil de empresa. Talvez adore o ambiente acelerado, frenético e arriscado de uma pequena empresa em franco crescimento. Talvez goste da estabilidade, do profissionalismo e do ambiente previsível de uma empresa maior e bem estabelecida. É provável que você tenha uma preferência, mas precisa ser minimamente capaz de se adaptar a um ambiente diferente, se necessário. Como seus 50% fixos exercem forte influência sobre suas principais preferências, se quiser manter-se alinhado à empresa, precisará se empenhar para se adequar quando o ambiente de trabalho não estiver de acordo com o que você naturalmente prefere.

Como a empresa influencia a sua adequação

Sua empresa tem uma cultura, uma estratégia e um jeito de trabalhar. Esses fatores criam o ambiente no qual você deve se encaixar. No entanto, eles podem mudar de uma hora para a outra. Pressões causadas por competitividade, inovação e mesmo pela evolução natural de uma empresa podem fazer o ambiente de trabalho com o qual você interage há alguns anos ter, hoje, necessidades de talentos muito diferentes.[9]

O ritmo de mudança implica que você precisa mudar quando a empresa decidir que sua estratégia requer novos comportamentos ou capacidades. Se não administrar ativamente sua adequação à medida que as necessidades de sua empresa mudarem, será mais difícil para você alcançar uma alta performance, não importa o quanto tente dominar os outros sete passos.

O que fazer

Se você avaliar regularmente as necessidades em constante mudança de sua empresa, poderá mudar seus recursos e comportamentos para melhor se alinhar. Essa avaliação exige que você:

- Entenda as novas necessidades de sua empresa.
- Entenda onde você se encaixa naturalmente.
- Administre sua adequação para otimizar sua performance.

Entenda as novas necessidades de sua empresa

À medida que a estratégia e as necessidades de sua empresa evoluem, as competências para uma alta performance evoluem também. Quanto mais precisamente você entender essas mudanças, mais depressa poderá alinhar seus comportamentos com a nova definição de alta performance.

Qual é a estratégia de sua empresa?

A estratégia de uma empresa normalmente foca em uma dessas duas metas: vencer por ser a companhia mais inovadora ou por ser a mais eficiente. Para serem bem-sucedidas, cada uma dessas estratégias requer diferentes capacidades e formas de serem encaradas. A inovação exige mais riscos, mais criatividade e capacidade para lidar com ambivalências. Já a eficiência pode demandar um pensamento menos impetuoso, uma orientação com foco em processos e capacidades Seis Sigma. Você deve estar pensando que, para ser bem-sucedida, uma empresa deve ser capaz de inovar e de ser eficiente. Bem, embora as duas sejam importantes, a ciência afirma que a prática de uma única estratégia (ser a mais eficiente ou a mais inovadora) é sempre superior à combinação de duas.[10]

Quais são as necessidades de mudança de sua empresa?

Uma empresa pode estar passando por uma fusão, um choque econômico, um crescimento acelerado, uma transformação repentina ou qualquer coisa do tipo, o que exige líderes que deem conta de administrar grandes transformações. Também pode estar experimentando os típicos altos e baixos que dão o tom do dia a dia da maioria das companhias. O seu sucesso em cada um desses cenários requer competências muito diferentes.

Talvez você conheça líderes que se dão bem em situações de caos e frenesi, que têm uma capacidade única de correr riscos inteligentes, ter uma visão concisa e impulsionar implacavelmente o progresso da empresa – esses são os líderes com características mais transformacionais.[11] Outros líderes são imensamente competentes em gerir desafios do dia a dia nos negócios, executam processos essenciais, administram bem sua equipe e normalmente são bons cidadãos corporativos. Mas esse líder que gerencia bem as questões do dia a dia ficará perdido se lhe for solicitado que lidere uma grande transformação, enquanto aquele que tem bom desempenho em momentos de turbulência ficará entediado em lidar com os problemas rotineiros de um ambiente pacato.

Se combinar a estratégia e os conceitos de mudança, você acabará com uma grade que chamo de Fit Matrix™

(matriz de adequação), que pode ser usada para avaliar como você se encaixa em diferentes ambientes corporativos (consulte a Figura 5.1).

Figura 5.1 Matriz de adequação

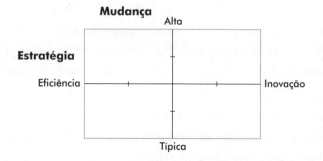

Entenda onde você se encaixa naturalmente

Agora que você sabe que se encaixar é importante, precisa se desenvolver na direção certa para otimizar sua adequação e performance. E isso começa identificando onde você naturalmente se encaixa. Essa adequação é definida por sua personalidade (50% fixos), pelas capacidades que adquiriu ao longo de sua carreira e o ambiente de trabalho de que gosta mais. A combinação desses fatores determina sua preferência por determinadas maneiras de trabalhar e o torna mais capaz de lidar com algumas situações que com outras. Assim sendo, pense em si mesmo como uma peça de quebra-cabeça: tem uma forma peculiar que pode ser interessante por si só, mas que é ainda mais valiosa quando encaixada nas outras peças.

Veja o caso de Jeff Bezos, fundador e CEO da Amazon. Ele é um líder brilhantemente inovador e que encabeçou as múltiplas ondas de inovação pelas quais a empresa passou – de uma livraria on-line a uma plataforma de venda de produtos (Kindle, Fire) e serviços (Amazon Web Services) pela internet e novos campos de atuação (Whole Food). Em seu percurso, Bezos construiu uma empresa extremamente eficiente, mas a Amazon lidera o mercado porque é inovadora.

Agora, pegue Bezos – um dos líderes corporativos de maior sucesso da história – e torne-o CEO da Exxon Mobil, multinacional do mercado de petróleo e gás, forçando-o a liderar uma empresa focada em eficiência. Seria ele o melhor CEO para essa tarefa? Possivelmente seria um excelente CEO, mas não necessariamente a escolha mais adequada. Sua personalidade, suas preferências e seus anos de prática o levaram a ser excelente em um tipo específico de desafio, que não é extrair petróleo do solo. O fato de ele ser incrivelmente inteligente e competente não significa que é o líder mais adequado para todas as situações possíveis; sua peça se encaixa em alguns quebra-cabeças, mas não em todos.

Vamos avaliar onde você se encaixa melhor na matriz de adequação.

Primeiro, determine onde se encaixa naturalmente

Siga as instruções da avaliação da matriz de adequação para se avaliar rapidamente e entender em que perfil de empresa você melhor se encaixa.

Avaliação Fit Matrix™

SEÇÃO 1: Adequação à estratégia

As instruções abaixo descrevem tipos diferentes de ambientes de trabalho. Leia as duas afirmações de cada linha e assinale a que descreve melhor o ambiente de trabalho que prefere ou os desafios que mais lhe interessam. Se nenhuma das frases descrever com perfeição seus interesses, assinale o item que mais se aproxima de sua preferência.

	Coluna A	Coluna B
	Você prefere isto?	Ou você prefere isto?
1	☐ Expandir para novos mercados e conquistar novos clientes	☐ Simplificar os processos existentes e buscar eficiência
2	☐ Uma função que lida com grandes riscos e que tem potencial para grandes recompensas	☐ Uma função que lide com riscos moderados e que tem potencial para recompensas moderadas
3	☐ Criar uma nova empresa	☐ Recuperar uma empresa com dificuldades
4	☐ Buscar lucro desenvolvendo novos produtos ou serviços	☐ Buscar lucro aperfeiçoando as práticas já existentes
5	☐ Poder tomar decisões urgentes, ainda que para isso precise abrir mão de alguns dados importantes	☐ Poder tomar decisões sem pressa, mas com todos os dados relevantes em mãos
6	☐ Vender novas ideias	☐ Aperfeiçoar ideias já existentes
7	☐ Uma função que demande atenção moderada aos detalhes	☐ Uma função que demande muita atenção aos detalhes
8	☐ Uma função focada em ideias e possibilidades	☐ Uma função focada na execução e considerações práticas
9	☐ Uma função que dispense o monitoramento de progresso de tarefas	☐ Uma função que demande ativo monitoramento do progresso de tarefas
10	☐ Criar um novo processo de trabalho	☐ Aprimorar um processo de trabalho já existente
	Total	Total
	A dividido por 2 =	B dividido por 2 =

RESPOSTAS DA SEÇÃO 1: Subtraia a coluna B da coluna A (A menos B) =
1. Conte as opções assinaladas de cada coluna.
2. Divida cada total por 2.
3. Subtraia o resultado da coluna B do resultado da coluna A. Anote esse número (que pode ser negativo).

SEÇÃO 2: Adequação a mudanças

O que as pessoas que o conhecem bem responderiam sobre você?
Assinale uma opção de cada linha.

	Coluna A	Coluna B
	Aqueles que o conhecem bem o descreveriam assim?	Ou assim?
1	☐ Mais dramático	☐ Mais calmo
2	☐ Gosta de mudanças radicais	☐ Prefere mudanças periódicas ou graduais
3	☐ Os outros se adaptam ao seu jeito	☐ Você se adapta ao jeito dos outros
4	☐ Capaz de motivar outras pessoas para determinadas causas	☐ Capaz de ter um equilíbrio entre liderar e ser liderado
5	☐ Compartilha bastante suas ideias	☐ Guarda a maioria de suas opiniões para si
6	☐ Fica à vontade sendo o centro das atenções	☐ Prefere atuar nos bastidores
7	☐ Tem mais tendência a assumir riscos	☐ Tem mais tendência a ser cauteloso
8	☐ É sonhador	☐ É realista
9	☐ Ignora as regras	☐ Segue as regras
10	☐ É focado no amanhã	☐ É focado no hoje
	Total	Total
	A dividido por 2 =	B dividido por 2 =

RESPOSTAS DA SEÇÃO 2: Subtraia a coluna B da coluna A (A menos B) =
1. Conte as opções assinaladas em cada coluna.
2. Divida cada total por 2.
3. Subtraia o resultado da coluna B do resultado da coluna A. Anote esse número (que pode ser negativo).

Faça seu mapeamento

1. Use a matriz de adequação em branco da Figura 5.2.
2. Pegue o resultado da Seção 1. Comece no centro da grade. Se seu resultado for positivo, marque-o à direita. Se for negativo, marque-o à esquerda.
3. Agora, comece da marca que acabou de fazer. Pegue suas respostas da Seção 2. Se o resultado for positivo, marque-o em cima. Se for negativo, marque-o embaixo.

Figura 5.2 Faça seu mapeamento na matriz de adequação

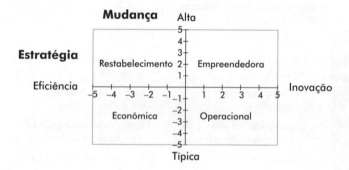

O ponto que você marcar na grade sugere o tipo de ambiente em que você se adapta melhor. Empresas com desafios nesta área geral da grade (não tente ser muito preciso) o engajarão e motivarão mais que outras. Esse processo de mapeamento não indica que você é extremamente capacitado nessa área, apenas que provavelmente se sentirá mais motivado nela.

Segundo, determine as necessidades de sua empresa

Você sabe que sua adequação indica quais preferências e interesses naturais seus correspondem às necessidades de sua empresa. Você já entende onde se encaixa naturalmente; agora, precisa determinar o que sua empresa precisa de seus talentos. Determinar as necessidades de sua empresa exige que você conheça bem sua estratégia futura para mapeá-la nas mesmas duas dimensões: estratégia e mudança. A estratégia futura é mais importante que a atual, pois você precisa saber como poderá se adequar ao longo do tempo. Existem algumas maneiras de entender melhor sua empresa e a estratégia adotada por ela:

- Você estar tão envolvido na estratégia de sua empresa que pode mapeá-la na matriz.
- Você explicar a matriz de adequação a alguns líderes-chave e pedir-lhes que mapeiem onde enxergam a empresa daqui a três ou quatro anos.
- Ler as apresentações do site para mapear sua empresa. Caso trabalhe em uma empresa de capital aberto, no site dela deve haver uma página de relação com investidores, incluindo apresentações ou um resumo executivo da estratégia futura da empresa.

Depois de avaliar a estratégia de sua empresa, faça um "F" na matriz de adequação na interseção entre a estratégia futura de sua empresa e as escolhas de mudança.

Finalmente, avalie sua adequação

Sua propensão de encaixe natural está próxima ou afastada das necessidades futuras de sua empresa? Se você e sua empresa estiverem no mesmo quadrante, significa que você está bem posicionado. Se houver uma distância maior entre você e a posição futura de sua empresa na matriz, talvez seja mais desafiador para você alcançar uma alta performance – o que não significa que não possa alcançá-la, mas simplesmente que precisará se esforçar mais para garantir que seja visto e para se apresentar como aqueles que naturalmente se adéquam bem.

Caso haja uma lacuna entre a posição futura de sua empresa e seu encaixe natural, sugiro algumas maneiras de preenchê-la (veja a Quadro 5.1). Mesmo que precise aprender ou aperfeiçoar algumas habilidades para melhorar sua adequação, você vai ver que, em muitas situações, mudar seus comportamentos será o bastante. Não se preocupe se esses novos comportamentos não forem naturais para você, o Passo 6 explicará como e por que às vezes se deve fingir.

Administre sua adequação para otimizar sua performance

É provável que sua empresa não avalie a adequação de seus colaboradores, de modo que você pode evoluir e aprimorar a sua equipe aplicando esta simples metodologia. Se mapeou sua adequação, você tem consciência do ponto em que está; então, tente a seguinte abordagem em sua próxima conversa sobre desenvolvimento com seu gestor:

1. **Compartilhe suas ideias sobre a empresa.**
   Fale a seu gestor sobre a avaliação que fez da direção futura da empresa e as implicações disso para você.
   • "Olá, Jill. Parece que, neste momento, nossa [empresa, grupo ou divisão] está na fase [empreen-

dedora/operacional/econômica/de restabelecimento], e que este é o nosso panorama pelos próximos anos. Portanto, ao avaliar o que a empresa demandará dos nossos líderes nos próximos 24 meses, acredito que ela valorizará aqueles que possam fazer _____, _____ e _____. Certamente muitas outras competências e comportamentos serão necessárias, mas esses que elenquei me parecem mais importantes. Você acha que essa é uma avaliação precisa?"

2. **Compartilhe suas ideias sobre si mesmo.** Diga a seu gestor em que ponto você acredita se encaixar e por quê.
   - "Eu acredito que encaixo melhor em um ambiente [empreendedor/operacional/econômico/de restabelecimento], o que significa que minhas habilidades, em geral, tornam [fácil/um desafio] a minha adequação em relação à nossa estratégia. Você concorda com minha avaliação?"

3. **Compartilhe seu plano.** Diga como você gostaria de crescer e se desenvolver segundo aquilo que a empresa demanda de seus líderes.
   - Se você já se encaixa bem: "Eu gostaria de manter meu foco de desenvolvimento em _____ e tentar demonstrar essa habilidade realizando _____".

- Se para você é um desafio: "Como o foco da empresa está mudando, quero transformar minhas competências e comportamentos para assegurar minha melhor adequação. Talvez eu devesse focar em melhorar minha habilidade de _____, _____ e _____, realizando _____ e _____ ".

4. **Peça conselhos.** Peça a seu gestor qualquer orientação que ele possa oferecer sobre as mudanças da empresa ou para o seu desenvolvimento pessoal:
   - "Você concorda com as atividades que sugeri ou tem sugestão de outras que devo executar no lugar delas? Há algo além que eu possa fazer?".

Resumindo

A adequação é um fator de grande relevância em sua busca por entregar bons resultados e apresentar alta performance. Este é um passo que se baseia em algo que você não pode controlar diretamente. No entanto, se avaliar sua adequação e adaptar seus comportamentos e suas competências ao que sua empresa exige, poderá sustentar uma performance de um nível que poucos poderão alcançar.

Quando você não se encaixa naturalmente em sua empresa, precisa aprender quando e como "fingir" os comportamentos de que ela precisa. O Passo 6, "Finja", diz como fazer isso e por que, às vezes, fingir é muito melhor que ser você mesmo.

Quadro 5.1 Como preencher as lacunas

De restabelecimento	Empreendedora
Sejamos honestos, se você colocou sua empresa neste espaço, é porque há algo errado. Aceite que mudanças grandes e transformacionais acontecerão e que poderão afetar negativamente alguns de seus colegas de trabalho. Essas mudanças são necessárias para a manutenção da empresa, ainda que algumas decisões possam ser dolorosas. • **Se você pontuou menos em mudança:** não enrole para tomar decisões difíceis. Ajude os demais a entender a necessidade e os benefícios da mudança no futuro, depois que a empresa passar pelas transformações necessárias. Uma vez que você entende melhor como reagirão os colegas que também pontuam menos no quesito mudança, ofereça ajuda às equipes que operarão as transformações ou às equipes de comunicação, para criar uma mensagem que explique melhor o que está havendo na empresa e por quê. • **Se seu ponto forte é em inovação:** as mudanças difíceis podem promover o crescimento e a inovação que você valoriza. Você reconhece que transformações precisam ser feitas e que elas provocarão confusão. Você pode ajudar a identificar quais projetos realmente precisam de investimento este ano e aqueles que podem esperar pela recuperação da empresa. Talvez você seja melhor que outros pares em relação à geração de novas ideias; então, ofereça-se como voluntário para ajudar os grupos a desenvolver ideias que acelerem a reviravolta.	É empolgante criar novos produtos e serviços, mas a inovação vem naturalmente acompanhada de instabilidade e incerteza. Os riscos que sua empresa assumir aqui, sejam em relação a produtos, serviços, geografia ou tecnologia, serão decisivos para seu futuro nos próximos anos. • **Se seu ponto forte é em eficiência:** inovação pode ser um processo confuso e improdutivo, portanto, suas habilidades de organização e estruturação podem lhe dar suporte. Ofereça-se para ajudar em qualquer processo de gestão ou implementação de projetos de grande escala, nos quais suas habilidades serão mais valorizadas. Deixe claro para os líderes da empresa que você deseja ajudar a empresa a avançar, e não ser o porta-voz da cautela. • **Se seu ponto forte é em operações:** a empresa evoluirá naturalmente para seu ponto forte – uma distribuição mais disciplinada de seus produtos ou serviços. Mantenha a calma e ajude a empresa a começar a construção de uma infraestrutura de que, como você sabe, ela necessitará. Tenha em mente que, em geral, os empreendedores leem processos como uma desculpa para a implementação de burocracia e empecilhos. Portanto, certifique-se de apresentar um modelo de negócios excepcionalmente claro para suas ações e que ele contenha propostas simples.

Econômica

Em empresas com foco em economia, tudo se resume a ampliar o resultado final. Disciplina, precisão e controle são talentos muito mais valorizados que ideias radicais sobre novos produtos ou mercados. Mas tente reconhecer quando uma inovação puder ajudar a garantir que seu produto ou serviço se mantenha diferenciado o suficiente para continuar atraindo clientes.

- **Se seu ponto forte é empreendedorismo:** valha-se de seu dinamismo e velocidade de ação para garantir que os projetos andem no ritmo certo, sem paralisia por análise. Nas reuniões, manifeste seu talento criativo e esboce ideias como "outra opção que talvez vocês queiram levar em conta é", em vez de "por que estamos em um ritmo tão devagar, por que não estamos investindo mais etc.?".

- **Se seu ponto forte é em restabelecimento:** existe um tempo demandado para o estabelecimento de transformações e um tempo necessário para que os processos sejam executados. É possível que você enxergue oportunidades de melhoria por todos os lados; no entanto, tenha cuidado ao selecioná-las e alavancá-las em um ambiente em que há pouco ou nenhum desejo de mudanças rápidas. Seu modo de agir lhe será muito útil quando encontrar projetos que a empresa realmente valorize.

Operacional

A situação é estável, a empresa tem lucros e avança a um ritmo previsível. O ambiente é propício para um sucesso consistente, mas também pode levar à complacência quando as companhias ficam em cima do muro e não investem o suficiente em inovação.

- **Se seu ponto forte é em restabelecimento:** não deixe que a falta de emoção e mudanças o desanimem. Como alguém que entende como fazer escolhas inteligentes e difíceis, você pode dar conselhos sobre a melhor forma de investir para que a empresa cresça, sobre como priorizar projetos e qual talento da equipe tem capacidade de prosperar nesse ambiente. Mesmo em uma situação estável coisas dão errado, portanto, disponibilize sua capacidade de lidar com grandes mudanças e coloque-a em prática até mesmo no menor projeto. Assim, se manterá visível e revigorado.

- **Se seu ponto forte é em eficiência:** a economia gerada pela eficiência é o que financia a inovação desse ambiente. Certifique-se de compreender os processos da empresa e de oferecer sugestões que visem reduzir o tempo e o custo e aumentar a qualidade de seus produtos ou serviços. Entenda que o orçamento nem sempre fluirá para os projetos que você considera prioritários, mas que sua empresa só será próspera se cada investimento gerar novos produtos e serviços criativos.

O que pode atrapalhar

- **Eu trabalho em uma das muitas unidades de negócios da minha empresa. Devo me encaixar nessa unidade ou na estratégia da empresa?** Você deve tentar se encaixar na unidade onde trabalha. O objetivo de otimizar sua adequação é se comportar e se envolver de maneira a demonstrar que você é realmente valioso para a empresa. Não há nada de errado em estar ciente dos desafios ou oportunidades em outras unidades de negócios, mas a maneira mais direta de apresentar alta performance é deixando claro que você se encaixa bem em sua função atual.

- **Não tenho como ser genuíno ou autêntico se tiver de me comportar de uma forma diferente de quem sou ou tentar pensar de uma forma que não concordo.** Vou desmascarar a autenticidade no Passo 8, mas, por enquanto, pense que há um conjunto de recursos e comportamentos que seu empregador precisa de você. Você tem total liberdade para decidir se quer ou não demonstrar esses recursos e comportamentos. Ainda que você julgue como certas ou erradas as demandas de sua empresa, entenda que seu empregador simplesmente precisa de determinados resultados. Se você não quer entregar aquilo de que sua empresa precisa por não se sentir genuíno, é melhor procurar outra empresa, na qual se encaixe melhor. Mas se

deseja ter uma performance consistentemente alta, reconheça que os colaboradores precisam se adaptar às novas necessidades da empresa.
- **Se eu admitir para meu gestor que não me encaixo bem, não estarei arriscando meu emprego?** Você deve dizer a seu gestor que quer assegurar uma alta performance, sempre se adaptando às mudanças de estratégia da empresa. Apresente a ele sua análise e seu plano para preencher eventuais lacunas. Se você evitar o assunto, seu gestor tirará as próprias conclusões acerca de seu futuro, e, sem sua opinião a respeito, talvez ele tome uma decisão muito diferente daquela que você deseja.
- **Que nível de precisão é necessário para mapear minha adequação ou a de minha empresa?** A matriz de adequação é um guia para ajudá-lo a verificar o quão alinhado você está (ou não) à estratégia de sua empresa. Deve avaliar quão próximo ou distante na matriz você e sua empresa estão. Quanto maior a distância, maior será a dificuldade que terá para adequar seus comportamentos e habilidades. Se você e sua empresa estão no mesmo quadrante, estão bem alinhados. Se você está a menos de meio quadrante de distância de sua empresa, as mudanças de comportamento e habilidade necessárias estão dentro do intervalo. Se vocês têm mais que meio quadrante de distância – e a empresa provavelmente se manterá nessa

posição por anos –, pergunte-se se conseguirá se sentir motivado nesse ambiente.
- **Não é responsabilidade da empresa me ajudar a entender como me encaixo e como devo mudar?** Pessoas de alta performance assumem a responsabilidade por seu próprio sucesso, sem esperar que a empresa reconheça suas competências. Além disso, muitas empresas não possuem uma avaliação sofisticada para entender quais de seus profissionais se encaixam melhor hoje e se encaixarão melhor amanhã. Quando você toma essa responsabilidade para si e se compromete com mudanças para evoluir, está tomando as rédeas da própria carreira.
- **Uma empresa não apresenta uma performance melhor quando possui uma equipe com talentos diversificados? Isso significaria que qualquer localização na matriz poderia indicar uma boa adequação.** Embora exista a crença de que equipes diversificadas tomam decisões melhores, a questão é mais complexa. Equipes diversificadas geram mais e melhores escolhas para a equipe – o que é positivo. Mas também demoram mais para tomar decisões e entram mais em conflito – o que não é tão positivo assim.[12] Portanto, se você quiser evoluir depressa, uma equipe menos diversificada acelerará seu progresso (mesmo que na direção errada). Se preferir tomar decisões mais seguras, uma equipe mais diversificada é sua melhor escolha.

RECORDE E APLIQUE

A ciência diz:

- As empresas mudam mais rapidamente que as pessoas, e exigem capacidades diferentes de seus líderes à medida que se transformam.
- Se você se adequar melhor à estratégia da empresa e às necessidades de mudança, se sentirá mais envolvido e terá uma performance melhor.
- Cada um de nós se encaixa melhor em diferentes cenários da empresa devido a nossa personalidade, plano de carreira e preferências pessoais. Ninguém tem a melhor adequação em todos os cenários.

Você deve:

- Entender onde se encaixa naturalmente no ciclo de vida de uma empresa.
- Entender onde sua empresa estará daqui a três a cinco anos na matriz de adequação.
- Aprender e demonstrar as competências e comportamentos necessários para uma boa performance quando esse cenário futuro chegar.

Tente usar:

- A matriz de adequação (Figura 5.1) e a avaliação da matriz de adequação para entender seu encaixe natural e como ele se adéqua ao que sua empresa precisa.

PASSO 6

Finja

O ator Adrien Brody sacrificou sua saúde, sua namorada e seu estilo de vida para representar Wladyslaw Szpilman no filme *O pianista*, de 2002. O filme narra a terrível experiência de Szpilman no gueto de Varsóvia durante a Segunda Guerra Mundial enquanto ele tenta sobreviver às tentativas da Alemanha de exterminar os judeus. Para conseguir representar fielmente na tela os horrores e o isolamento que Szpilman experimentou na vida real, Brody, com seu mais de 1,80 metro, reduziu seu peso para 58 quilos, vendeu seu apartamento, deixou sua namorada, jogou fora o celular e a televisão e passou a interagir com pouquíssimas pessoas.

Brody estudava piano quatro horas por dia para ser capaz de retratar de forma realística o virtuosismo da personagem. Graças a esse esforço, tornou-se um pianista tão talentoso que o filme exibe uma difícil passagem de Chopin interpretada pelo próprio Brody, e não por um pianista profissional. Brody conta que a experiência na preparação e atuação em *O pianista* foi tão desgastante emocionalmente que ele levou mais de um ano para se recuperar. Brody ganhou o Oscar por sua dramática e emocionante atuação.[1]

Nem todo ator precisa se transformar por completo para representar bem um papel, mas a determinação de Brody mostra que é possível se tornar temporariamente alguém muito diferente de si mesmo para atingir um propósito mais elevado. O que me faz ter a convicção de que, se lhe pedirem para exibir comportamentos que não lhe são totalmente naturais com o objetivo de obter uma performance melhor, você estará à altura do desafio.

Não precisamos ver o seu verdadeiro eu a todo instante

Seus amigos nunca lhe disseram: "Não vejo a hora de poder ir trabalhar sem maquiagem, de moletom, e dizer às pessoas o que realmente penso delas. Esse é meu eu genuíno!"? Ou: "Semana que vem, meu eu autêntico vai aparecer no escritório, tomar o controle de todos os projetos e fofocar sem parar ao lado da máquina de café"?

Todos os dias, nós "fingimos" no trabalho, e por uma boa razão: nossa empresa e nossos colegas precisam disso. Eles não precisam estar sempre diante de nosso verdadeiro eu; na maioria das vezes, de fato, precisam da versão estilizada. E a boa notícia é que você tem total controle para se apresentar da maneira mais produtiva possível. O segredo é entender quais comportamentos precisa mostrar para obter uma alta performance.

Por que isso é importante

Vamos eliminar a emoção do termo "fingir". Um profissional de alta performance precisa entender e exibir os poucos comportamentos poderosos exigidos em determinada situação. Visto que tem uma maneira preferida de se comportar, você finge toda vez que exibe conscientemente um comportamento que não está de acordo com suas preferências. E tudo bem. Ninguém vai testemunhar um novo comportamento seu e dizer: "Essa não é a genuína fulana!". Vão dizer: "Nossa, ela é realmente adaptável!". Ou: "Que legal ver essa mudança positiva!". Mesmo que não acredite totalmente no comportamento que precisa apresentar, como um indivíduo de alta performance, sua tarefa é apresentá-lo de forma mais imediata e mais convincente que qualquer outra pessoa.

Você finge melhor do que imagina, acredite. Como quando ri bem alto da piada de seu chefe ou diz a um colega importante depois daquele interminável discurso: "Foi uma ótima apresentação!". Você já sabe administrar as impressões que provoca. Este capítulo vai ajudá-lo a administrá-las de maneira a aumentar sua performance. O mais importante é reconhecer os poucos comportamentos ou ações extremamente poderosos que deve apresentar durante cada desafio de gestão, ou seja, reconhecer o que e quando é necessário fingir.

À medida que sua carreira evolui, a manutenção da alta performance exigirá que você apresente novos comportamentos. Sua rapidez de adaptação a esses comportamentos contribuirá para que você se destaque como um profissional de alta performance. Alguns desses comportamentos não lhe serão naturais, e talvez você não se sinta convicto de que eles representam a maneira correta de proceder no trabalho. Chamar a atenção para si é algo que pode provocar ansiedade nas pessoas mais introvertidas. Já pessoas altamente resilientes talvez não comprem facilmente a ideia de que os outros precisam ser orientados. A capacidade de fingir a ponto de você mesmo acreditar é essencial para praticar os comportamentos que garantirão seu sucesso no futuro. Por isso, "Finja" é o Passo 6 rumo a uma alta performance.

Ajuda bastante o fato de que as pessoas são abertas a ter suas impressões manipuladas, especialmente na direção que desejam. Elas vão acreditar alegremente que você passou a se comportar mais como gestor, a manifestar seu ponto de vista nas reuniões de equipe ou a pensar mais estrategicamente. Tire proveito da inclinação dos outros a vê-lo sob uma luz diferente. Cada novo comportamento o aproxima de sua performance máxima teórica.

O que já sabemos

Algumas pessoas são naturalmente mais propensas a fingir. Ao considerarem como devem se comportar em determinada situação, se perguntam: "Quem esta situação demanda que eu seja, e como eu posso ser essa pessoa?". Por razões óbvias, os acadêmicos chamam esses indivíduos que se transformam prontamente de "camaleões". Eles são especialmente preocupados em se ajustar ao que os outros necessitam. Mas há outro grupo que, na mesma situação, se perguntaria: "Quem sou eu e como posso ser eu mesmo nesta situação?".[2] Se você acha que não há nada mais importante do que sempre se apresentar como seu verdadeiro eu, terá dificuldade em manter uma alta performance à medida que sua empresa ou os desafios se transformarem.

As pesquisas também nos dizem que:

- **Há pouco dos 50% fixos no fingimento.** A frequência com que você finge comportamentos é apenas levemente influenciada pela essência de sua personalidade. Pessoas mais extrovertidas e menos calmas ou autoconfiantes têm maior probabilidade de fingir espontaneamente. Isso significa que poucas pessoas são naturalmente melhores fingidoras que você e também que você tem controle direto sobre o quanto e o quão bem finge.[3]
- **Os homens são ligeiramente mais propensos a fingir comportamentos que as mulheres.** Não há uma enorme diferença no grau em que cada sexo finge comportamentos no trabalho, pois fingir é parte fundamental da negociação com os outros e da bajulação. Essas coisas estão ligadas a uma melhor avaliação, promoção e remuneração, o que faz dessa uma estratégia que ambos os sexos devem praticar com frequência.[4]

- **Nós efetivamente disfarçamos nosso verdadeiro eu quando fingimos.** As pessoas são menos precisas ao identificar sua verdadeira personalidade quando você está fingindo um comportamento. Embora esse seja todo o propósito de fingir, isso demonstra que seu comportamento falso parece real para quem o vê. Em suma: fingir funciona.[5]

Considerando que as necessidades de sua empresa se transformam, que comportamentos diferentes são necessários conforme você avança na carreira e que seus comportamentos naturais não são ideais para todas as situações, você precisa fingir com mais frequência do que imagina. Uma vez que a ciência diz que fingir funciona, quais comportamentos você deveria fingir, por que e quando?

O que fazer

Às vezes, em sua carreira, você precisará se comportar de um jeito que não combina com seu perfil. Por exemplo, enquanto algumas pessoas têm uma personalidade que lhes permite despontar facilmente como líderes, você talvez precise deliberadamente se lembrar de chamar a atenção para suas conquistas. Talvez precise se esforçar para possibilitar que sua equipe entregue os resultados, em vez de tentar fazer tudo sozinho. Talvez precise tentar parecer mais poderoso para proteger recursos ou construir relacionamentos.

Suas condutas ajudarão a determinar seu sucesso nesses cenários; portanto, é útil saber quais são os comportamentos mais importantes e como fingi-los, se necessário. Com base na ciência e em meu trabalho com líderes do mundo todo, descobri que existem três cenários fundamentais nos quais seus 50% fixos e suas preferências pessoais podem exigir que você finja diferentes comportamentos:

- Você precisa despontar como líder.
- Você precisa ser um líder mais eficaz.
- Você precisa demonstrar poder.

Você precisa despontar como líder

Alguns comportamentos permitem que você desponte como líder – ser notado por seu trabalho e construir relacionamentos com pessoas importantes que ocupam cargos acima do seu.[6] Outros ajudam a ser um líder eficaz – gerenciamento de equipes, criação de estratégias e impulsionamento de mudanças. Todos esses comportamentos são essenciais, mas cada estágio de sua carreira demanda que você enfatize uns ou outros.

Correndo o risco de simplificar demais o que é necessário para vencer em cada um desses cenários, existe uma ciência consolidada que diz que os líderes emergentes se diferenciam porque constroem relacionamentos acima, abaixo e transversalmente na empresa. Essa mesma ciência afirma que os líderes eficazes se diferenciam pela destreza com que se comunicam e gerem suas equipes. Saber identificar o conjunto de comportamentos que cada situação pede é essencial para ter uma alta performance.[7]

Quando você é novo em um cargo, em uma empresa, ou está em início de carreira, comportamentos de "emersão" são fundamentais para ser visto como um profissional de alta performance. Esses comportamentos permitem a você atuar como líder, chamando a atenção para si, para que os outros o conheçam melhor pessoal e profissionalmente. Lembre que você não pode ser um líder eficaz se não despontar como tal. Alguns fatores dos 50% fixos servem de suporte a comportamentos despontantes, o que significa que pessoas com maior capacidade de conscienciosidade, extroversão e abertura têm uma vantagem natural nessa área. Mesmo que não seja da sua natureza exibir comportamentos de líder emergente, é essencial que outras pessoas o notem, para que possa competir pelos recursos e pela atenção, ambos limitados, de sua empresa.

Se você não crê que deve chamar a atenção e acha que um bom trabalho fala por si só, peço que reconsidere. O sucesso requer que os outros tomem consciência de seu bom desempenho e se sintam bem em relação a você; só assim você pode despontar e ser bem-sucedido. As vagas no curso de desenvolvimento de alto potencial de sua empresa, os horários na agenda de seu CEO e o dinheiro dos bônus são limitados. Você precisa ser notado para obter seu quinhão de cada um deles.

Existem três comportamentos-chave que você deve fingir para despontar e ser notado como líder: promover suas ideias, fazer amigos e mostrar ambição.

Promova suas ideias

Um bom trabalho não é notado por si só, ou, então, não por pessoas suficientes. Para despontar como líder, é fundamental que você almeje que suas realizações sejam notadas. Você pode obter isso com facilidade se mostrar seu ponto de vista sobre tópicos importantes, desde que, claro, tenha uma base factual para justificar suas opiniões e a coragem de falar e apresentar seu ponto de vista. A capacidade de se pronunciar – transmitindo autoconfiança ao fazê-lo – é o mais consistente indicador de sucesso emergente. Também ajuda se suas ideias forem bem definidas e se mostrarem corretas ao longo do tempo. Mas ter e expressar uma ideia é o primeiro passo.[8]

Você precisa lançar mão de seu ego para buscar o reconhecimento de suas ideias; há um ponto de inflexão entre emersão e arrogância. Você deve falar em uma reunião quando tiver uma boa ideia (e talvez tentar pensar nessa ideia com antecedência), não deve deixar que os outros cortem sua fala (esse é um risco particularmente maior para as mulheres) e deve expressar sua ideia com a mesma confiança com que diria seu nome.[9] Tenha cuidado para que a imagem projetada por você não vá muito além de sua capacidade real.

Faça amigos (ou, pelo menos, contatos)

É preciso que as pessoas certas o vejam no momento certo. Existem componentes sociais e componentes comerciais que possibilitam isso. O componente social envolve aparecer nos eventos da empresa, almoçar e tomar café com seus colegas e superiores importantes e conversar com colegas de equipe no dia a dia. Pense nisso como um clássico comportamento extrovertido: você está se conectando com outras pessoas, fazendo-as se sentirem especiais, criando relacionamentos e networks.[10] Para ser notado, você também precisa praticar o *"managing up"*, ou seja, criar um relacionamento profissional satisfatório com seus superiores. Seu gestor precisa gostar de você porque busca a opinião dele sempre que possível, faz um trabalho de alta qualidade e se põe à disposição para realizar as principais tarefas. Tome cuidado para não criticar seu gestor, especialmente nas áreas em que ele se orgulha de suas realizações.[11] Isso pode parecer politicagem ou puxa-saquismo – e é mesmo. Talvez você considere essas táticas um tanto desagradáveis ou ilegítimas, mas fica claro, pela ciência e pela prática, que elas determinam a obtenção do sucesso.

Essas recomendações podem parecer iguais às que descrevi no Passo 4, "Relacione-se". Definitivamente, há pontos em comum entre uma ótima estratégia de conexão e uma ótima estratégia de líder emergente, de modo que, para despontar como líder, você pode usar algumas das mesmas ferramentas de planejamento e gestão de relacionamentos que descrevi naquele capítulo.

A boa notícia é que o puxa-saquismo funciona, e é improvável que você perca a mão ao praticá-lo. Em seu livro, Jeffrey Pfeffer relata um experimento conduzido para determinar quando a bajulação passa do ponto; a suposição era de que um pouco de bajulação era bom e de que mais era melhor, mas que bajulação demais teria efeitos negativos sobre o bajulador. A conclusão foi de que a curva nunca cai; constatou-se que nenhuma quantidade de bajulação fez que o bajulado pensasse mal do bajulador.[12]

Demonstre ambição

Por mais óbvio que isso possa parecer, você deve demonstrar que deseja ser bem-sucedido e contribuir mais para que sua empresa tenha uma alta performance. Diga diretamente a seu gestor que você quer contribuir mais e que vai atingir as metas, comportar-se e sacrificar-se para isso. Você precisa exibir uma vantagem competitiva – uma paixão por vencer como indivíduo ou por levar sua equipe a resultados melhores. O caminho óbvio é entregar um trabalho de alta qualidade, manter padrões incrivelmente altos de performance com sua equipe e cobrar daqueles que não estiverem atuando nos mesmos padrões.

Esses comportamentos o ajudarão a despontar, mas são apenas uma parte do que é necessário para obter uma alta performance. Se você apenas demonstrar comportamentos de emersão, acabará sendo rotulado como político, egocêntrico ou insubstancial, e seu progresso na carreira será mais lento.[13] Uma vez que esteja em uma função de gestão de nível médio, você deverá começar a equilibrar esses comportamentos com outros que mostrem que é um líder eficaz.

Você precisa ser um líder mais eficaz

Um líder emergente tem o foco em si mesmo; fazer-se notar é bom, porém se torna um descarrilador quando você tenta se envolver em funções de maior responsabilidade gestora. Um líder eficaz controla seu ego e muda o foco para obter melhores resultados fazendo uso dos outros e com os outros. Muitos líderes naturalmente gravitam rumo a condutas mais tradicionais de gestão. No entanto, se seu objetivo é acelerar a transição de um líder emergente para um líder eficaz, ou se você é um colaborador individual há muitos anos, talvez precise fazer um esforço extra para aprender esses comportamentos.

Líderes eficazes dedicam mais tempo à gestão diária dos negócios, sem deixar de construir a qualidade e a profundidade de sua equipe.[14] Três táticas o farão chegar lá mais depressa: visão clara, aprimoramento de talentos e um coaching sincero.

Conte uma história clara e transparente sobre sua visão

Uma visão clara torna mais fácil para sua equipe mudar e apresentar uma performance mais alta.[15] Pelo menos uma vez por trimestre, você deve desenvolver e comunicar a sua equipe uma visão com estes três pontos:

- **Descreva nitidamente o estado futuro.** A maneira mais simples e direta de comunicar essa visão é descrevê-la no formato de/para. "Como [empresa, divisão ou região], estamos passando *de* uma empresa que faz [tal coisa] para [tais pessoas] [de tal maneira] *para* uma empresa que faz [tal coisa] para [tais pessoas] [de tal maneira]". Por exemplo: "Estamos passando *de* uma empresa que fornece terceirização de tecnologia para empresas norte-americanas a preços competitivos *para* uma consultoria de transformação de tecnologia integrada voltada a empresas globais, a um preço premium".

- **Explique por que o futuro é emocionante e necessário.** Explique de que forma essa visão descreve um lugar melhor para a empresa do que aquele em que ela se encontra hoje ("Seremos concorrentes mais fortes"; "Conseguiremos fazer mais trabalhos de ponta"). Diga por que o futuro não é um destino apenas desejável, mas necessário ("Perderemos participação no mercado se não fizermos isso"; "Provavelmente seremos comprados"; "Empresas como a nossa não existirão daqui a dez anos").
- **Venda os benefícios.** Os membros de sua equipe estão interessados no futuro da empresa, mas se preocupam com o próprio futuro. Descreva como a vida deles será melhor na visão que você está apresentando (mais oportunidades de desenvolvimento, maior remuneração para aqueles que performarem melhor). Aceite que talvez nem todos gostem de sua visão. Tudo bem. Se eles entenderam claramente a visão e não gostaram dela, não são adequados para o futuro. Um dos benefícios de uma visão clara é que ela ajuda as pessoas a escolherem entre permanecer ou sair da empresa.

Avalie e atualize seus talentos

Líderes eficazes entendem que talentos mais qualificados oferecem melhores resultados e por isso investem tempo para formar equipes de alta qualidade. Um exercício que uso quando estou ensinando gestores de alto potencial a obter mais dos membros de sua equipe é o chamado comprar/vender/manter. Baseia-se no que o diretor comercial de um grande banco de investimentos me disse há muitos anos, quando lhe propus um método complicado de analisar talentos: "Marc, eu analiso minha equipe da mesma maneira que analiso meu portfólio de ações. Todos os dias, olho para cada posição e me pergunto se quero aumentar, diminuir ou não mudar meu nível de investimento. A cada dia que não faço uma mudança, estou dizendo a mim mesmo que estou feliz com esse portfólio, que não é possível alcançar um retorno melhor. Eu faço exatamente o mesmo com minha equipe".

Vamos fazer esse exercício. Se você lidera outras pessoas, escreva o nome dos membros de sua equipe em uma folha de papel. Depois de cada nome, escreva C, V ou M para sinalizar se você gostaria de comprar (investir mais), vender (investir menos ou se livrar) ou manter (manter o mesmo nível de investimento) essa pessoa. Você provavelmente tem consciência do que precisa mudar em sua equipe, e esse exercício tornará isso mais claro. Se classificar todos como C, ou você tem uma equipe extremamente rara ou precisa elevar seus padrões. Peça a um colega que avalie sua equipe segundo os mesmos critérios para ver se ele tem uma opinião diferente.

Ofereça um coaching brutalmente honesto

Como seres humanos, somos programados para nos dar bem com os outros, o que torna desconfortável o ato de ser brutalmente honesto com alguém. Ser capaz de fazer isso bem é outra característica distintiva dos líderes que criam equipes de alta performance. Seu objetivo é dizer a cada membro da equipe uma única coisa que melhorará a performance dele. Liste os membros de sua equipe e escreva esse único item ao lado do nome. Agende uma reunião de trinta minutos com cada um dentro das próximas duas semanas. Ofereça-lhes orientação prospectiva sobre esse tópico e apresente-lhes ferramentas específicas para que eles possam treinar e evoluir. Diga que esse comportamento fará deslanchar uma melhor performance.

Conforme você incorpora condutas de líder eficaz, talvez surja a preocupação em não ser reconhecido de forma justa, já que é a equipe, e não você, que alcança os resultados. Mas é muito provável que, se sua equipe entregar ótimos resultados, você seja visto como um profissional de alta performance.

Por que um gestor não pode exibir ao mesmo tempo comportamentos emergentes e eficazes? Segundo as pesquisas, menos de 10% dos gestores pontuam alto nas duas áreas; os poucos que compõem esse grupo de elite simplesmente demonstram características de ambas as categorias em um nível moderado.[16] Isso é possível a qualquer indivíduo, mas é preciso um esforço significativo para agir de maneira simultaneamente consistente e inconsistente com a essência de sua personalidade.

Você precisa demonstrar poder

Poder é a capacidade de mudar o bem-estar, as finanças e as atitudes dos outros. Às vezes, para ser bem-sucedido na empresa, você precisa exercer poder; entretanto, o poder não surge de repente. Você deve cultivá-lo ao longo do tempo. Precisa começar a construir o poder agora, porque certamente precisará dele em algum momento de sua carreira.

Lyndon Johnson dominava a capacidade de adquirir e exercer poder, mas, para muitos de nós, isso pode ser complicado. Eu, pessoalmente, não me sinto à vontade agindo dessa maneira. Um coach executivo me deu um ótimo conselho quando trabalhei em meu último cargo corporativo. Quando reclamei da natureza política da empresa, ele me disse que a política era o jogo que estava sendo jogado e que eu era um jogador. "Se você não quer jogar o jogo, saia", falou. "Mas, se quiser vencer, precisa dominar as regras do jogo e jogar de acordo com elas."

Quer seja jogado de forma explícita ou sutil, o poder é o jogo em sua empresa. Talvez você ache difícil simular uma atitude de poder, mas, se quiser obter status ou recursos, precisa exibir esse comportamento essencial. Três passos acelerarão a obtenção do poder: ser visível, fazer *managing up* e deixar seu chefe feliz.

Torne-se visível

Uma dica incrivelmente simples e eficaz pode ajudá-lo a ganhar poder: faça-se ver. E então faça-se ver de novo e de novo. O fenômeno chamado "efeito de mera exposição", ou "princípio de familiaridade", prova que, quanto mais familiar você é para alguém, mais positiva é a percepção dessa pessoa sobre você. Os seres humanos acreditam que coisas familiares tendem a não surpreendê-los, o que agrada nossa natureza avessa ao risco.[17] Quanto mais as pessoas o virem, ouvirem e lerem a seu respeito e interagirem com você, mais você estará construindo seu potencial poder para influenciar essas pessoas.

Você se torna mais visível de maneiras óbvias: falando (produtivamente) em reuniões; marcando cafés e almoços com colegas e superiores; viajando com seu chefe; sendo designado para projetos importantes.

Manage up

Você leu anteriormente que a bajulação é uma ótima estratégia para despontar como líder. Aqui, ela funciona pelas mesmas razões que lá: bajular as pessoas faz que elas gostem mais de você, e, quanto mais gostarem de você, mais poder (controle, orçamentos, projetos) elas estarão dispostas a lhe confiar.[18] O *managing up* é similar ao item anterior, mas se apresenta de maneira diferente. Tornar-se visível é uma abordagem ampla para ganhar poder – em geral, você é notado por muitas pessoas. Já o *managing up* visa ser notado especificamente por um pequeno, seleto grupo.

Para que ele seja efetivo, você precisa identificar quais são as poucas pessoas que possuem poder e recursos para tornar sua carreira mais bem-sucedida. Seu gestor direto é um, mas você precisa identificar mais três ou quatro. Se está na mesma empresa há algum tempo, essas pessoas podem lhe ser óbvias, mas se não são, peça a opinião de outros colaboradores. Pergunte a seu chefe: "Existem líderes seniores na organização que seria útil eu conhecer melhor?". Pergunte a seus colegas: "Quem você acha que vai ser alçado primeiro ao time executivo?".

Depois de identificar esses líderes, convide-os para um café ou almoço deixando clara a intenção do encontro. Se seu chefe indicar alguém que você deva conhecer, peça a ele que envie uma breve apresentação à pessoa dizendo que vocês dois deveriam se conectar. Se você trabalha em um projeto patrocinado por essa pessoa, pergunte se é possível liderar algumas ideias junto com ela. Você pode comunicar a praticamente qualquer executivo que está tentando planejar sua carreira ou decidir seu próximo passo dentro da empresa; diga que apreciaria a contribuição dele devido a sua experiência e seus pontos de vista sobre a empresa. Se seu medo é que a pessoa veja seus atos como bajulação, lembre-se de que a ciência afirma que isso não é um problema.

Deixe seu chefe muito feliz

Seu chefe está na melhor posição de lhe dar poder, e você quer ter uma ótima performance nas áreas que mais interessam a ele. Graças à ciência, você sabe que, mesmo que sua performance seja fraca, seu chefe o verá mais positivamente se o relacionamento entre vocês for próximo. Pergunte-lhe regularmente quais áreas são mais importantes para ele. Peça orientação sobre projetos ou trabalhos de um jeito que demonstre competência e, ao mesmo tempo, faça-o se sentir importante. Fale positivamente sobre ele para outras pessoas; ele ficará sabendo disso de uma forma ou de outra. O mesmo acontecerá se você fizer comentários negativos.[19]

Se você se permitir fingir, terá a chance de apresentar comportamentos de alta performance nas situações mais importantes para ele. Isso talvez signifique não mostrar sempre seu verdadeiro eu. Tudo bem, pois o que você está mostrando aos outros é uma performance alta e consistente.

Resumindo

Dois fatores relativos à performance que você não pode fingir são dormir e se exercitar. Embora não falte informação na internet sobre esses tópicos, uma pessoa de alta performance só se interessa pelo que, segundo a ciência, comprovadamente funciona. O Passo 7, "Valha-se de seu corpo", diz o que comprovadamente é útil e o que não interessa.

O que pode atrapalhar

- **Você está me pedindo para mentir.** Não, estou pedindo para você se comportar de uma maneira com a qual não está acostumado, uma maneira que leva à alta performance. A menos que discorde fundamentalmente desses comportamentos, ao praticá-los, você estará simplesmente aprendendo a

adaptar sua conduta à situação, e poderá mudá-la de novo depois que atingir o objetivo. Mas, se não concorda com a conduta recomendada, comporte-se da maneira que acha que lhe propiciará os melhores resultados.
- **Eu não sou um bom ator. Como posso fingir bem?** Pode não ser perfeito na primeira vez, mas o primeiro passo é tentar. O lado bom é que, com a prática, você deve ficar melhor. Mantenha-se fiel ao conselho que este capítulo traz para cada situação e peça um feedback a seu chefe, colegas ou subordinados para saber se seus comportamentos estão saindo conforme o planejado. Use a abordagem de orientação prospectiva descrita no Passo 2, "Comporte-se de forma a atingir uma alta performance", para obter os melhores resultados.
- **Como posso mudar esses comportamentos depressa?** É difícil aprender novos comportamentos em pouco tempo. Quanto mais frequentemente praticar um comportamento, mais rápido o aprenderá (veja o Passo 3, "Evolua mais rápido"). Não se preocupe em atingir a perfeição depressa. Concentre-se nas coisas mais importantes, que são poucas, que você pode fazer em cada situação. Com isso, mesmo não sendo um especialista ainda, você vai aplicar seu esforço nas áreas certas.

RECORDE E APLIQUE

A ciência diz:

- Diferentes tipos de comportamento nos beneficiarão em diferentes situações.
- Somos todos capazes de mudar nossos comportamentos; mudanças drásticas exigirão mais esforço, mas ainda são 100% possíveis.
- É especialmente importante que a mudança de comportamento de líder emergente para líder eficaz seja feita no momento certo.

Você deve:

- Entender os principais comportamentos que mais beneficiarão sua performance em diferentes situações. Esqueça seu eu verdadeiro e foque em ser seu eu mais efetivo.
- Reconhecer que fingir é parte do processo de mudança de comportamento; esta é a primeira rodada de prática.
- Avaliar seu estágio na carreira, as necessidades de desenvolvimento e o ambiente para descobrir que tipo de fingimento lhe trará os maiores benefícios.

Tente usar:

- Processo de orientação prospectiva para obter dados sobre quais mudanças de comportamento são mais importantes.

PASSO 7

Valha-se de seu corpo

Você está deitado na praia contígua ao histórico Hotel del Coronado, no belo sul da Califórnia. A seu lado estão os companheiros com quem passou as últimas duas semanas entre a areia branca e a água cor de jade. São 3 horas da manhã. Você chegou se arrastando ao ponto em que se encontra agora, depois de ficar trinta minutos ajoelhado à beira d'água enquanto as ondas geladas surravam seu corpo. Está encharcado e tremendo incontrolavelmente. Suas mãos estão rachadas. Cada músculo de seu corpo dói, cheio de ácido láctico devido aos exercícios ininterruptos das últimas sessenta horas. Um homem berra em um megafone que seria melhor você deixar o grupo – desistir – e aproveitar o café quente e as rosquinhas que o esperam a apenas trinta metros dali. Você teve duas horas de sono nos últimos três dias. O que você faz?

Se seu objetivo é ser um fuzileiro naval da Marinha dos EUA, você continua por mais dois dias e meio, com exercícios ainda mais intensos e apenas mais duas horas de sono. Esses candidatos a fuzileiros navais estão participando de um treinamento que se chama Basic Underwater Demolition/SEAL (BUD/S) [Demolição subaquática básica], o primeiro passo para se tornar um membro dessa equipe de elite das forças especiais. Durante a parte chamada Hell Week do BUD/S [Semana infernal], os candidatos são testados por cinco dias e meio em um treinamento operacional gelado, úmido e brutalmente penoso, durante o qual têm menos de quatro horas totais de sono. Mais de 80% dos candidatos escolhem o café com rosquinhas. Somente um grupo seleto prossegue e alcança feitos de resistência física e mental que jamais imaginaria ser possíveis.

Os que se formam no treinamento BUD/S se aproximam mais da própria performance máxima teórica do que a maioria de nós esperaria em nossas expectativas mais otimistas. A capacidade de render física e mentalmente por mais de cinco dias quase sem dormir sugere que nosso corpo tem muito mais potencial para entregar resultados sob estresse do que acreditamos. A questão é como usar melhor o que sabemos sobre o corpo humano com vista a alcançar uma alta performance.

Por que isso é importante

Seu corpo desempenha um papel fundamental em sua performance. É importante comer direito, fazer exercícios e dormir o suficiente. Mas você não vai ter uma alta performance só porque dorme oito horas por noite, tem uma dieta balanceada e vai regularmente à academia. Seu interesse deve estar voltado ao que a ciência diz sobre como você pode usar seu corpo para ter uma performance melhor no trabalho. O Passo 7 rumo à alta performance é "Valha-se de seu corpo".

Surpreendentemente, são poucos os estudos que fazem uma conexão direta entre o corpo e a alta performance individual no trabalho. O conhecimento existente diz que o sono é o que mais importa, que a atividade física tem alguns efeitos menores e específicos, e que a dieta não tem efeito direto. Isso não significa que os exercícios e a dieta não sejam importantes para a vida, apenas que não têm muito poder de melhorar sua performance no trabalho. Por essa razão, vamos começar nossa discussão pelo sono.

É fácil encontrar matérias que censuram profissionais por seus maus hábitos de sono e os incentivam a dormir oito horas por noite sem perturbações, em um quarto com temperatura ideal, completamente escuro, sem a companhia de animais de estimação e sem exposição prévia a dispositivos eletrônicos. Essa é uma meta idealista, e, sem dúvida, o melhor conselho para otimizar o sono. No entanto, é irreal para a maioria de nós.

Profissionais de alta performance precisam de conselhos um pouco menos severos sobre o sono. Qual é a melhor estratégia de sono para otimizar sua performance e seu tempo? Em outras palavras, se dormir oito horas por noite é o ideal para uma alta performance, o que acontece quando você dorme seis horas? Ou passa a noite em claro? Ou tem um sono de baixa qualidade, ou poucas horas dormidas? As informações deste capítulo lhe permitirão achar um meio-termo entre dormir duas horas a mais e um possível declínio na performance e nas condutas.

O que já sabemos

Dado que muitas pessoas dormem menos do que acham que precisam, saber a quantidade certa de sono e como melhor combater os efeitos de sua privação, ou baixa qualidade, é uma estratégia essencial para a alta performance. A ciência do sono pouco explora as implicações práticas da falta de sono na alta performance. A maioria dos estudos sobre o tema examina o comportamento das pessoas depois de 24 horas de privação de sono, e não após semanas a fio com cinco a seis horas de sono por noite enfrentadas por muitos profissionais. Embora as conclusões sejam imperfeitas, existem contribuições práticas que podem ajudá-lo a se aproximar de seu nível de performance máxima teórica. Vamos começar pelo básico.

Qualidade do sono

Existem várias definições de qualidade de sono, mas a maioria inclui facilidade para adormecer, percepção da profundidade do sono e o número de vezes que se acorda durante a noite.[1] Há uma relação muito pequena entre a qualidade e a quantidade de sono, o que significa que uma ótima noite de sono depende menos do número de horas do que você imagina.[2]

A qualidade impacta a performance mais do que a quantidade

Os efeitos negativos do sono provêm mais da baixa qualidade que da pouca quantidade. O sono de baixa qualidade reduz sua performance e sua percepção de satisfação no trabalho e aumenta a frequência com que você pensa em abandonar o emprego. Uma quantidade pequena de sono não causa nenhuma dessas reações. Isso pode explicar por que algumas pessoas funcionam bem dormindo cinco horas por noite, enquanto outras não funcionam nem depois de oito.[3]

Mau humor? É a qualidade do sono, não a quantidade

Aquela desagradável irritação que você às vezes demonstra se deve, muito provavelmente, à qualidade de seu sono, não à quantidade. A qualidade de sono afeta seu humor cerca de quatro vezes mais que a quantidade.[4] A ciência mostra que seu humor será melhor com um período mais curto de sono de alta qualidade do que com um descanso mais longo porém interrompido com frequência.[5]

Quantidade de sono

Apesar dos anos de pesquisa científica, ainda não há um consenso sobre a quantidade natural necessária de sono. A National Sleep Foundation diz que é entre seis e dez horas, com uma preferência por sete a nove horas; outros cientistas afirmam que uma duração de seis horas e meia a sete horas é a ideal.[6] Um estudo com membros de tribos remotas que não levam nossa vida agitada ou cheia de dispositivos descobriu que eles dormem cerca de seis horas por noite.[7] Esse parece ser um ponto de partida razoável para a quantidade de sono que nosso corpo naturalmente exige.

A privação de sono afeta negativamente as funções básicas, não as executivas

Uma das descobertas mais surpreendentes acerca da insuficiência de sono é que ela prejudica mais as habilidades básicas que as avançadas. Talvez você suponha que um estado de sonolência prejudica sua capacidade de participar de conversas ou tarefas complexas, mas não afeta sua capacidade de dirigir até o trabalho ou de se lembrar do nome de seus melhores clientes. Entretanto, o verdadeiro impacto da escassez de sono é exatamente o oposto, e saber disso pode ajudá-lo a desenvolver uma ótima estratégia para dormir. A ciência conclusiva mostra que, com a falta de horas de sono, suas capacidades mais básicas falham primeiro, ao passo que as capacidades de ordem superior permanecem relativamente fortes. Isso significa que o perigo da falta de sono no curto prazo não é você estragar uma grande apresentação, e sim destruir seu carro a caminho da grande apresentação porque cochilou ao volante.

Mesmo que suas capacidades de ordem superior se mantenham relativamente fortes, com as horas a menos de sono, elas não estarão com força total; sua capacidade de encontrar soluções criativas para problemas diminuirá, assim como a de inovar; você ficará mais mal-humorado, e suas habilidades de comunicação sofrerão.[8] Essas descobertas provêm de estudos com participantes que ficaram acordados por 24 horas; ou seja, os efeitos não serão tão dramáticos se você tiver uma única noite de sono ruim.

Você não fica bem com cinco horas de sono toda noite

Algumas pessoas – como Martha Stewart, Donald Trump e mesmo figuras históricas como Thomas Edison – afirmam que sempre dormem apenas quatro a cinco horas por noite. Se isso for verdade, elas são a exceção. Somente cerca de 5% das pessoas conseguem funcionar plenamente com menos de seis horas de sono por noite.[9] Se você pretende passar a dormir menos, saiba que isso será um desafio; nossos genes controlam nosso horário preferido de despertar dentro de um intervalo de cerca de uma hora, por isso é difícil nos condicionar a dormir menos do que nosso corpo naturalmente exige.[10]

O que fazer

Profissionais de alta performance precisam responder a três perguntas para determinar a quantidade certa de sono com vista ao máximo desempenho e compensar noites em que não dormem o suficiente.

1. Como conseguir a qualidade e a quantidade certas de sono?

Ainda não existe um método científico para determinar a quantidade certa de sono que cada um precisa. Dado que a ciência afirma que um cochilo de dez minutos pode "substituir" uma hora de sono, considerar seis a sete horas (com um cochilo) é um ponto de partida razoável.[11] Essa quantidade de sono por noite pode gerar um pequeno débito de sono durante a semana, mas você pode compensá-lo com duas horas a mais por noite no sábado e no domingo. Se sua quantidade de sono cai um pouco durante a semana, não se preocupe: a ciência diz que dormir cinco horas de sono por algumas noites não reduz substancialmente suas capacidades em comparação com dormir sete horas.[12]

O melhor conselho para ter um sono de alta qualidade pode lhe parecer familiar, ou pode parecer que demanda a disciplina de um monge. Tente seguir as seguintes recomendações em sua rotina de sono, nesta ordem:

- **Criar e manter uma rotina de sono.** Vá dormir e acorde nos mesmos horários todos os dias. Seu cérebro opera em um determinado ritmo, e mudar os horários de dormir e de acordar o confunde e pode fazer você se sentir sonolento, mesmo tendo tido um sono de alta qualidade.
- **Não ingerir cafeína por pelo menos seis horas antes de ir para a cama.** A cafeína permanece em seu corpo por mais tempo do que você imagina (leva de cinco a seis horas para reduzir em 50% seu efeito).[13] Se tomar a última xícara às 18 horas, você ainda sentirá alguns efeitos à meia-noite. Talvez você rebata: "Eu pego no sono instantaneamente, mesmo depois de um expresso duplo"; entretanto,

isso quer dizer que você adormece rápido, não que tem um sono de qualidade. E um sono de baixa qualidade torna muito mais provável que você fique mal-humorado no dia seguinte.[14]

- **Não ingerir álcool por pelo menos três horas antes de ir para a cama.** Como a cafeína, o álcool bagunça seu ciclo natural de sono porque aquece seu corpo e o leva a um sono profundo, e não ao sono REM, que aumenta a taxa de renovação cerebral.
- **Fazer uma refeição rica em carboidratos mais perto da hora de dormir.** Uma refeição com alto teor de carboidrato até quatro horas antes de dormir ajuda a adormecer mais depressa.[15]

Todo esse conhecimento científico é esclarecedor e útil na teoria, mas desafiador de ser aplicado. Talvez você não obtenha o número ideal de horas de sono, ou fique revirando na cama durante oito horas, em um sono de baixa qualidade. Entretanto, a ciência tem uma solução para isso também e explica como manter uma vantagem competitiva mesmo quando o sono é perturbado.

2. Quando minha qualidade de sono é baixa (ou eu sei que será baixa), como posso garantir uma boa performance no dia seguinte?

Mesmo com uma qualidade de sono inferior à ideal, você pode manter sua performance no alto se seguir estes passos simples e controláveis:

- **Autoconsciência.** Compreenda que você provavelmente ficará de mau humor como resultado de uma baixa qualidade de sono. Pensamentos negativos ("Não sou reconhecido", "Não gosto de meu trabalho" etc.) serão mais frequentes. Nos dias em que a qualidade de seu sono for baixa, diga a si mesmo enquanto passa pela porta da frente de sua empresa: "Este é um lembrete de que você não dormiu bem e, por isso, precisa fazer um esforço para se comportar e interagir de maneira positiva hoje". Além de se conscientizar, avise às pessoas próximas (seu assistente, seu melhor amigo no trabalho etc.) que teve uma noite ruim de sono e peça que o advirtam se você estiver mal-humorado ou se comportando de maneira não ideal. Eis uma diferença entre um profissional de alta performance e os demais: ele reconhece uma fraqueza e a corrige, não espera que os outros sejam indulgentes por isso.
- **Comida.** Uma baixa taxa de açúcar no sangue pode deixá-lo ainda mais mal-humorado; portanto, mantenha esse nível estável durante o dia todo, para ajudar a combater os efeitos negativos da baixa qualidade de sono. A ciência da nutrição alimentar diz que um café da manhã rico em carboidratos e fibras é ótimo para isso, e evita que você coma demais durante o dia.[16] Se uma refeição dessas lhe parece pouco apetitosa, pense em aveia, não em torrada multigrãos. Não é de tomar café da manhã? Tudo bem. Preste muita atenção ao que foi dito anteriormente

sobre cafeína e entenda que, se tomar mais que a dose recomendada para combater a sonolência, poderá ficar ainda mais mal-humorado.
- **Exercício matinal intenso.** Como descreverei no próximo item, os melhores benefícios para combater o sono advêm de atividades físicas mais intensas e mais longas – mas elas só fazem efeito no dia em que você as pratica. Além disso, o exercício físico não ajuda somente você, mas seu chefe também. Um estudo mostrou que supervisores são menos abusivos quando fazem exercícios de manhã.[17]

3. Quando minha quantidade de sono é baixa (ou eu sei que será baixa), como garantir um bom desempenho no dia seguinte?

Como sabemos que poucas horas de sono afetam muito nosso funcionamento básico e pouco o avançado, qual é a melhor estratégia para melhorar cada um deles? Felizmente, os cientistas estudaram exatamente qual dos dois remédios mais populares é mais eficaz para combater a privação de sono: cochilo ou cafeína. Diz a ciência que o poder de cada um de reduzir os efeitos da falta de sono segue a seguinte ordem:

- **Cochilos.** Cochilos são a melhor maneira de compensar a falta de sono e manter seu nível de performance mais alto que em seu estado natural de privação de sono. Em experimentos realistas, pesquisadores limitaram o sono dos participantes a cinco horas e fizeram que tirassem sonecas de trinta segundos a trinta minutos. Descobriram que uma soneca de dez minutos é o ideal, e que cochilos mais curtos ou mais longos não aumentam nossa consciência nem nos fazem sentir mais despertos.[18] Se sua meta é atingir certo nível de performance, e não apenas permanecer alerta, um cochilo é muito mais eficaz que a cafeína.[19]

- **Cafeína.** Pense na cafeína como um melhorador de segurança mais que de performance. A ciência é clara ao afirmar que uma quantidade insuficiente de sono prejudica as funções básicas do cérebro (estado de alerta, velocidade de reação, atenção) mais que as avançadas. São exatamente as funções básicas que a cafeína beneficia.[20] De todos os alimentos existentes, apenas a cafeína afeta diretamente a performance com benefícios amplos e claros, como tempo de reação mais rápido, diminuição da fadiga, melhora do humor, melhora da memória de trabalho e muito mais. Você não se tornará um melhor vendedor, programador ou gestor depois de ingerir cafeína, mas ficará acordado, alerta e mais apto a funcionar durante o dia. A quantidade recomendada para obter esses benefícios é de uma a oito xícaras de chá ou de uma a quatro xícaras de café por dia.[21]

Não esqueça que a privação crônica de sono agrava tudo, do diabetes à obesidade, e até o risco de acidente de carro. Nenhuma solução apresentada aqui tem a intenção de substituir uma boa constância de sono.

Exercícios físicos e performance

Você escutou isso a vida toda – faça dieta e exercícios, faça dieta e exercícios –, e é um ótimo conselho para quem quer ter uma vida longa e saudável. A questão-chave é se existe alguma evidência de que dieta e exercícios físicos ajudam a melhorar sua performance no trabalho.

Enquanto o sono proporciona benefícios diretos e significativos à performance, o exercício físico tem efeitos muito menores, e principalmente de longo prazo. Não que a atividade física não seja importante, mas é que, ao contrário do sono, estar um pouco em falta com ela não prejudicará de maneira óbvia nem imediata sua performance. Diz a ciência:

- **Exercício físico contribui mais nas funções executivas.** As funções executivas não ajudam você a se tornar um executivo; ajudam-no a planejar, gerir a si mesmo e perseguir metas. Essa é uma boa notícia, uma vez que essas funções geram alta performance. O exercício pode fornecer um estímulo limitado para isso, mas não tem efeito significativo sobre as funções mais básicas do cérebro.[22]
- **Você não vai se lembrar de mais coisas por causa dos exercícios.** No máximo, sua memória pode melhorar moderadamente no mesmo dia em que você se exercita; exercícios prolongados

aumentam ligeiramente a memória de curto prazo e não afetam a de longo prazo.[23]
- **Exercícios físicos criam um círculo virtuoso.** Pessoas que estão mais em forma obtêm os melhores benefícios de performance com a atividade física, enquanto quem tem níveis de condicionamento moderados não se beneficia nem um pouco. Já pessoas sem condicionamento físico percebem um funcionamento executivo mais baixo quando se exercitam.[24]
- **Exercícios prolongados ajudam mais.** Qualquer exercício que dure menos de vinte minutos não produz benefícios na performance no mesmo dia, e exercícios que durem menos de onze minutos prejudicam seu funcionamento executivo no mesmo dia.
- **Exercícios mais intensos são mais proveitosos, mas só pela manhã.** Exercícios puxados oferecem o dobro de benefício cerebral em comparação aos moderados. Exercícios aeróbicos e de resistência combinados são muito mais benéficos que só aeróbicos.[25] Curiosamente, apenas o exercício matutino produz benefícios mensuráveis para a performance no mesmo dia.[26]

Então, o que você pode fazer para melhorar sua performance com exercícios?

- **Exercício intenso – aeróbico e pesos.** Uma meta-análise mostrou que a função executiva era maior no mesmo dia quando a pessoa fazia pelo menos vinte minutos de exercício intenso que incluísse treinamento aeróbico e de resistência. Exercícios leves (por exemplo, quinze minutos de corrida na esteira) não tiveram esse efeito, e exercícios aeróbicos ou de resistência praticados isoladamente não se mostraram tão úteis quanto quando praticados em conjunto.[27]

- **Combinação de exercícios e cafeína.** O exercício não afeta as funções básicas do cérebro, de modo que você obtém os melhores resultados juntando exercícios e cafeína para aproveitar seus recursos básicos e avançados.

Dieta

Como o exercício, uma dieta saudável traz muitos benefícios no longo prazo, mas nada na ciência sugere que uma dieta ou um conjunto específico de alimentos leve diretamente a uma melhor performance no trabalho. Só a cafeína fornece benefícios consistentes e comprovados à performance. Outras substâncias legais, como alguns medicamentos e suplementos, comprovadamente melhoram sua performance mental. Meu conselho é priorizar os oito passos primeiro.

Resumindo

A maneira como você administra seu corpo é um fator totalmente controlável, mas basicamente evita queda na performance, não a aumenta. Talvez você esteja familiarizado com alguns desses dados sobre sono e exercícios, mas profissionais de alta performance precisam ser mais estratégicos ao aplicá-los. Sua ótima performance, o investimento em seu crescimento pessoal e as condutas excelentes podem ser prejudicados se sua estratégia de sono fracassar. Felizmente, a ciência não diz que a alta performance requer níveis olímpicos de exercício ou a qualidade de sono de um adolescente. Seis ou sete horas de sono em um ambiente fresco e silencioso e um pouco de atividade física intensa pela manhã devem bastar.

Agora você conhece os sete passos que traçam um caminho direto e controlável rumo à alta performance. Você só tem mais uma coisa a fazer: não estragar tudo caindo em um modismo sobre gestão da performance. Alguns modismos vêm de fontes bem-intencionadas, outros, nem tanto, mas todos compartilham um denominador comum: eles prejudicam sua capacidade de obter uma alta performance. No Passo 8, "Evite distrações", você aprenderá quais modismos populares deve ignorar.

O que pode atrapalhar

Como você controla a quantidade de tempo que dorme e a frequência com que se exercita, não há perguntas e respostas neste capítulo. Se precisar de conselhos detalhados sobre boas estratégias de sono, pode encontrar mais informações no site da National Sleep Foundation: www.sleepfoundation.org (em inglês).

RECORDE E APLIQUE

A ciência diz:

- Qualidade de sono é mais importante que quantidade; seis a sete horas é o ideal.
- As habilidades de ordem inferior falham primeiro quando você não dorme o suficiente.
- É cientificamente comprovado que cochilos e cafeína compensam parcialmente a baixa qualidade e quantidade do sono.

Você deve:

- Seguir as diretrizes da National Sleep Foundation (https://sleepfoundation.org) para obter boa qualidade e quantidade de sono (em inglês).
- Avisar outras pessoas de seu trabalho quando tiver uma noite mal dormida, não como uma justificativa para seu comportamento, mas para que elas possam avisá-lo de que não está se comportando bem.
- Tirar um cochilo de dez minutos (quando possível) e ingerir cafeína para compensar temporariamente a baixa qualidade ou quantidade de sono.
- Fazer um treino físico matinal intenso para aumentar ligeiramente sua performance durante o dia e compensar parcialmente a baixa qualidade de sono.

PASSO 8

Evite distrações

Ter uma alta performance seria mais fácil se o conteúdo de todos os livros mais vendidos sobre gestão e das populares TED Talks fosse verdadeiro. Então, caso você lesse os dez livros sobre negócios mais vendidos segundo a lista do *Wall Street Journal* e fizesse exatamente o que cada um deles diz, experimentaria um sucesso inaudito. No entanto, quais desses livros e palestras contêm verdades, quais estão recheados de conselhos não comprovados e quais estão comprovadamente equivocados, sob a ótica da ciência, era algo que ninguém contava – até agora.

O passo final de sua jornada rumo à alta performance é evitar os modismos que o distraem do que é cientificamente comprovado para melhorar sua performance. Repare que muitos desses modismos apresentam conselhos que parecem facilitar sua vida (focar em seus pontos fortes), acelerar sua performance (adotar uma mentalidade de crescimento) ou fornecer-lhe uma instantânea autoconfiança (bancar uma pose de poder). Por trás desses modismos, há um bom marketing, muitas vezes elaborado por algum carismático professor de uma conceituada faculdade de administração, tudo conforme pede um TED Talk. Muitas vezes, há um artigo científico para sustentar as alegações, mas esses achados científicos facilmente caem por terra por serem um exagero (inteligência emocional, por exemplo), ou por não passarem de uma nova nomenclatura para um conceito que já existia (como o termo *"grit"*, em português "garra"), ou simplesmente por serem falsos (bancar a pose de poder, de novo).

Por que isso é importante

Seu árduo trabalho para conquistar uma alta performance não deve ser prejudicado por conselhos populares, porém questionáveis. Esses modismos não só não o ajudarão a se aproximar de sua máxima performance teórica, como também o farão desperdiçar um tempo valioso, o qual você poderia aplicar nos sete passos que comprovadamente funcionam. Veja a seguir um resumo de alguns modismos populares, o que está errado com eles e o que você deve fazer no lugar deles.

O que (não) fazer

Uma pessoa de alta performance deve avaliar cuidadosamente qualquer conceito que seja alardeado como uma maneira rápida e fácil de melhorar seu desempenho. Use o filtro "pesquisa, ciência ou ciência conclusiva" antes de acreditar em qualquer alegação. Especialmente nos casos de alegações que parecem boas demais para serem verdade, porque, em geral, é isso mesmo que são: boas demais para serem verdade.

Entre essas afirmações, estão as seguintes:

(Por favor, não) Foque em seus pontos fortes

A Gallup, empresa de pesquisa e opinião dos Estados Unidos, vendeu milhões de livros que afirmam que você será mais bem-sucedido se focar naquilo em que é bom, ou no que espera ser bom – ou seja, os seus "pontos fortes". A ideia de focar em seus pontos fortes parece uma maravilhosa receita de como ser feliz no trabalho. Dessa forma, você não precisa confrontar verdades inconvenientes sobre o que pode estar atrasando seu progresso nem precisa se lançar a novos desafios e correr o risco de fracassar. No entanto, não existem provas científicas de que profissionais apresentem uma alta performance ou que se desenvolvam mais efetivamente apenas focando em seus pontos fortes. Solicitei aos líderes da Gallup que compunham o grupo que tratava do tema pontos fortes que me fornecessem algumas evidências científicas que sustentassem sua abordagem. Eles têm mais de dez anos de dados sobre os recursos de pontos fortes, mas admitiram não ter comprovação científica de sua eficácia.

Por outro lado, existem pesquisas que evidenciam que: (1) as condutas necessárias para que sejamos bem-sucedidos à medida que evoluímos em uma empresa mudam, de modo que nossos pontos fortes de hoje podem ser irrelevantes amanhã; (2) em geral, temos menos pontos fortes do que imaginamos ter (entendendo como ponto forte ser significativamente melhor em alguma coisa que em outras); e (3) nossos pontos fracos (os "descarriladores" descritos no Passo 2, "Comporte-se de forma a atingir uma alta performance") podem retardar ou interromper nosso progresso na carreira.[1] Focar em seus pontos fortes pode ajudá-lo a ser mais eficiente nas coisas em que você já faz bem hoje, mas não aprimorará sua competência em nenhuma outra área.

O que fazer então?

Seus pontos fortes se devem a sua personalidade, carreira e interesses – portanto, nunca deixarão de ser pontos fortes. No entanto, se você alimentá-los demais, poderá gerar um descarrilador (lembre-se do Passo 2, "Comporte-se de forma a atingir uma alta performance", em que vimos que a extrapolação de um ponto forte é um descarrilador). Continue escutando o que os outros têm a dizer sobre as habilidades e os comportamentos que você deve melhorar para ser mais bem-sucedido. Eles ficarão felizes em lhe dizer alguma fraqueza na qual acham que você deve se concentrar. O Passo 2 explica de modo simples como coletar essas informações e como valer-se delas para mudar o quanto antes determinadas condutas.

Inteligência emocional não significa sucesso em liderança

É uma ideia maravilhosamente intuitiva que nossa performance pode progredir se administrarmos melhor nossas emoções e se percebermos com mais precisão as emoções dos outros. Essa noção, vendida como inteligência emocional (IE) está quase inteiramente contemplada nos fatores dos 50% fixos, e não é mais eficiente em predizer melhor performance no trabalho que a personalidade.[2] Tomas Chamorro-Premuzic, um dos maiores psicólogos da personalidade, afirma que a IE simplesmente colocou os elementos desagradáveis de personalidade em um embrulho mais bonito: "Ainda que o quociente emocional seja, em boa medida, um vinho velho em uma garrafa nova, o vinho é bebível".[3]

O excessivo aumento da chamada IE pode até gerar uma psicopatia, transtorno que torna a pessoa tão perspicaz em relação às emoções dos outros a ponto de torná-la manipuladora e superficial.[4] Em algumas situações, a IE pode até compensar um QI mais baixo, mas um QI baixo significa um desafio muito maior pela frente em termos de performance.[5]

O que fazer então?

É bom compreender como as pessoas enxergam a sua forma de administrar tanto suas emoções quanto as dos outros, e corrigir comportamentos nocivos – essa habilidade é o bastante para que você seja bem-sucedido e não é um tipo de inteligência diferente do QI. É questão de se comportar de uma maneira que seus colegas de trabalho e pares valorizam. Como você leu no Passo 2, algumas pessoas são muito bem-sucedidas apesar de aparentemente terem níveis mais baixos de IE. Siga o processo definido no Passo 2 para obter feedback direto ou indireto sobre as áreas que seus colegas de confiança gostariam que você mudasse.

Dez mil horas de prática é exaustivo e irrelevante

Eu já destaquei esse achado na Introdução, mas vamos bater o último prego no caixão da "prática". O mito de que qualquer um pode dominar uma habilidade com dez mil horas de prática ganhou força no livro *Fora de série*, de Malcolm Gladwell. No entanto, a ciência diz que isso simplesmente não é verdade. Estudos com enxadristas e músicos demonstram que as horas de prática representam apenas cerca de um terço da performance de uma pessoa.[6] Outro estudo científico mostra que atletas olímpicos e mestres enxadristas superavam de longe seus pares mesmo quando crianças, antes que pudessem acumular tantas horas de prática.[7] Isso significa apenas que praticar ajuda, mas não é a solução mágica para a performance, como alguns afirmam ser.

O que fazer então?

Aceite que o talento natural somado a muita prática produzirá ótimos resultados. Nenhum talento natural somado a muita prática produzirá um apenas razoável arremesso com salto no basquete.

Você não vai desenvolver *grit*, ou garra, lendo um livro

Outro livro campeão de vendas e um famoso TED Talk focam em um conceito chamado *"grit"* (algo como "garra", em português), que a autora afirma ser um novo fator, identificado por ela, que impulsiona a alta performance. Ela define *grit* como "perseverança e paixão por metas de longo prazo".[8] O único problema é que a ciência mostra que *grit* é praticamente a mesma coisa que o nosso já conhecido fator de personalidade "conscienciosidade", e, portanto, solidamente calcado nos 50% fixos.[9]

Sabemos que esse fator impulsiona a performance, portanto, não há nada de novo nas alegações da autora. Seu nível básico de *grit* (fator "conscienciosidade") é fixo, de modo que algumas pessoas sempre serão mais "conscienciosas" que outras. É claro que você pode se esforçar mais para se concentrar em suas tarefas e tentar ter a atenção menos distraída, mas essa tática não é nova, é simplesmente algo que aqueles que pontuam menos no fator "conscienciosidade" acharão difícil de dominar.

O que fazer então?

Use as táticas de estabelecimento de metas descritas no Passo 1, "Estabeleça grandes metas", para se concentrar em seus poucos objetivos mais importantes. Você se distrairá menos ao tentar se concentrar em três grandes promessas, em vez de em dez. Estabeleça prazos bem definidos para todas as metas para concentrar sua atenção na execução delas, e faça verificações intermediárias no decorrer de todas. Isso lhe permitirá mensurar e corrigir regularmente seu progresso, algo que será lido como perseverança.

Seu comportamento deve visar resultados, e não necessariamente "autenticidade"

Pode parecer complicado defender a ideia de um "líder não autêntico" quando a contrapartida é ser um "líder autêntico". Talvez por isso a noção de liderança autêntica tenha ganhado tanta força entre líderes e consultores.

O conceito de líder autêntico começou ser propagado com o livro *Authentic Leadership*, que afirmava que o mundo corporativo dos Estados Unidos estava em uma crise de liderança e que eram necessários líderes mais autênticos – abertos, autoconscientes, genuínos – para levar o país para a frente. Depois que proeminentes acadêmicos de Stanford, Insead e Wharton atacaram o conceito, o autor do livro disse: "A essência de uma liderança autêntica é a inteligência emocional".[10] Como você leu anteriormente, essa declaração sugere que a liderança autêntica é construída sobre a base já instável da IE. Além disso, comporta a ideia de que um líder autêntico não deve deliberadamente fingir determinados comportamentos de liderança, ainda que a ciência sugira que isso é possível e desejável, à medida que alguém evolui como líder.

O que fazer então?

Sem dúvida o conselho de conhecer a si mesmo para ser um líder melhor é útil e pode ser colocado em prática com as atividades do Passo 2, "Comporte-se de forma a atingir uma alta performance". Mas não pense que sempre deve apresentar a todos o seu "verdadeiro eu", sem filtros. Compreenda que talvez o que as pessoas precisem de você em determinadas situações não seja compatível com o seu "eu genuíno" e, nesses casos, o melhor é se esforçar ao máximo para se comportar da maneira que satisfaça os anseios delas. O Passo 6, "Finja", traz orientações sobre por que e como fazer isso.

Uma mentalidade de crescimento é ótima... para crianças

O conceito de "mentalidade de crescimento" é o queridinho do pessoal do Vale do Silício, que acredita que esse é o grande segredo do sucesso.[11] Segundo o livro *Mindset*, alguém que tem essa postura mental acredita que sempre podemos aumentar nossa inteligência, ao passo que aqueles que têm uma "mentalidade fixa" acreditam que simplesmente somos quem somos. Segundo os adeptos do conceito, mudar da mentalidade fixa para a de crescimento pode fazer alguém se tornar capaz de qualquer coisa. Eles afirmam também que ter uma mentalidade de crescimento é a única maneira de melhorar a performance, ainda que as pesquisas da própria autora mostrem que outras mentalidades também podem funcionar.[12] Os estudos originais da autora para justificar esse conceito são bastante interessantes e aplicáveis – para crianças. A principal pesquisa para o livro foi conduzida em salas de aula com crianças pequenas, e não com adultos com cérebros já totalmente formados.[13] O cérebro das crianças ainda é maleável e está em crescimento, portanto, crianças conseguem ficar mais inteligentes (ter seu QI aumentado), mas os adultos, em boa medida, têm um nível fixo de inteligência. Não importa quanto um adulto tente aumentar significativamente seu QI aos 35 ou 40 anos, não vai conseguir.[14] Também existe um componente de personalidade nos 50% fixos que determina se alguém naturalmente tem uma mentalidade de crescimento ou não.[15] Logo, além de um QI imutável, ser capaz de mudar sua mentalidade para uma de crescimento é um desafio bastante significativo e muito mais difícil do que simplesmente passar a pensar "eu acho que consigo".

O que fazer então?

Se você quer realizar mais do que se considerava capaz, ou romper uma barreira de performance, siga os conselhos deste livro e comece definindo metas grandes e desafiadoras. Você não vai ficar mais inteligente seguindo os oito passos, mas muito provavelmente passará a ser muito mais capaz do que se apenas tentar mudar sua mentalidade.

Adotar uma pose de poder talvez seja o modismo mais tolo

Assim como outras tantas modas passageiras, a pose de poder surgiu com um trabalho científico e um TED Talk, a partir de pesquisas que mostravam que ocorre um aumento de testosterona quando alguém assume posturas mais agressivas. Os autores alegam: "Pessoas que adotam uma pose de poder experimentam elevações no nível de testosterona, diminuições no cortisol e aumento de sensação de poder e tolerância ao risco; pessoas que assumem uma pose de baixo poder exibem o padrão oposto".[16] Em outras palavras, basta você se posicionar da maneira correta que se sentirá pronto para enfrentar o mundo.

Essa informação seria legal se não fosse 100% falsa, de acordo com um dos coautores do artigo – que foi claro sobre o experimento – e outros estudiosos que tentaram replicar a pesquisa original e fracassaram.[17] Mas isso não impediu que mais de 16 milhões de pessoas assistissem ao TED Talk, ou que o conceito de adoção de pose de poder fosse encarado como verdade, e não como uma lenda urbana.

O que fazer então?
Assuma a pose que quiser; não faz diferença.

O que pode atrapalhar

- **Como farei para conseguir discernir os fatos dos modismos sem um doutorado em psicologia?** Eu ouço essa pergunta com frequência. Nem sempre é fácil, mas há algumas técnicas que você pode tentar. Antes de mais nada, consulte a estrutura que se encontra na introdução deste livro, que descreve pesquisa, ciência e ciência conclusiva para ajudá-lo a compreender que nem todas as alegações de quem tem um Ph.D. são necessariamente verdadeiras. Exija provas que validem conceitos para certificar-se de que são cientificamente comprovados, e ignore-os caso a referência da comprovação fornecida seja de uma empresa ou marca famosa ("o Google diz isso, então deve ser verdade"); uma experiência pessoal ("é verdade, funcionou comigo em quatro empresas diferentes"); ou artigos não científicos ("a revista tal fez uma matéria enorme sobre isso mês passado"). Seja cético e tenha consciência de que as coisas que parecem boas demais para ser verdade provavelmente são apenas boas demais para ser verdade.

- **Qual é o problema de tentar coisas novas?** É ótimo manter a mente aberta para novas possíveis maneiras de aumentar sua performance. Mas uma mente aberta também deve ser uma mente cética, que exige provas da eficácia de alegações, e que não tem pressa em ser a primeira a adotar o novo conceito. Já temos tanta informação sobre a performance humana que faz mais sentido seguir aquilo que comprovadamente é capaz de alavancar a nossa performance, em vez de torcer para que alguém descubra um novo e mágico atalho. Esse enorme escopo de evidências existente sobre a performance também é um sinal de que qualquer pessoa que alegue ter descoberto uma grande novidade precisará enfrentar um altíssimo padrão em termos de provas.
- **Minha empresa pediu que eu faça uso de um dos modismos que você listou. O que devo fazer?** Você deve ser um bom cidadão corporativo e fazer o que sua empresa pediu, a menos que esteja em posição de contestar a ferramenta, o livro ou produto. Mas avalie os resultados da prática do modismo sob uma ótica cética.

Conclusão

Cada um de nós começa seu caminho rumo à alta performance em uma posição diferente. Alguns se valerão de muitas das vantagens naturais dos 50% fixos, como aqueles que nasceram em uma família de classe alta, em um país desenvolvido, que frequentaram escolas de qualidade e enfrentaram poucos desafios pessoais – se é que houve algum – à medida que cresciam. Outros começarão uma posição atrás por conta de desafios familiares, econômicos, de saúde ou sociais, ou de discriminação escancarada ou sutil. Nós não podemos controlar o que aconteceu no passado, portanto, use-o para impulsionar sua jornada rumo à alta performance. Cada um de nós começa a jornada em uma posição diferente, mas controlamos o destino dela.

No prefácio, eu mencionei como seria incrível se alguém nos contasse desde cedo como ser bem-sucedido – e agora acabamos de ter essa conversa. Então, você já sabe o que comprovadamente o levará a conquistar uma alta performance e tem as ferramentas e informações necessárias para aplicar com sucesso cada conselho dado. Os passos são claros, poderosos e cientificamente comprovados.

Esses oito passos são diretos, mas reconheço que não são fáceis. Realizá-los exigirá um significativo esforço e sacrifício pessoal. Mas tudo bem. Se fosse fácil, não fariam você se sentir tão realizado ao fim da jornada, ao conquistar a alta performance. Você pode concluir quantos passos desejar, mas tenha em mente que quanto mais passos conseguir executar, maior será a probabilidade de melhorar sua performance. É possível enxergar benefícios imediatos a cada passo dado, então recomendo que escolha um ainda hoje e siga em frente.

Alta performance é uma escolha. Foque no que você pode de fato mudar e ignore o resto!

Apêndice

Para ter acesso às seguintes ferramentas, visite http://somos.in/8PAP1 e cadastre-se.

Introdução – Como ter uma alta performance
- Teste de QI online
- Balanço de *Oito passos*

Passo 1 – Estabeleça grandes metas
- Exercício: Combinar tarefas com metas
- Exercício: Priorizar metas

Passo 2 – Comporte-se de forma a atingir uma alta performance
- Miniavaliação de descarriladores de Hogan
- Escala TIPI e legenda para pontuação

Passo 3 – Evolua mais rápido
- Amostra de mapa de experiências
- Modelo de mapa de experiências pessoais

Passo 4 – Relacione-se
- Planilha de planejamento de conexões

Passo 5 – Otimize seu poder de adequação
- Avaliação Fit Matrix™
- Modelo de Fit Matrix™

Notas

Introdução

1. Cerca de 25% é inteligência. SCHMIDT, Frank L.; HUNTER, John. General Mental Ability in the World of Work: Occupational Attainment and Job Performance. *Journal of Personality and Social Psychology*, v. 86, n. 1, p. 162, 2004. Aproximadamente 10% a 20% são fatores de personalidade. BARRICK, Murray R.; MOUNT, Michael K.; JUDGE, Timothy A. Personality and Performance at the Beginning of the New Millennium: What Do We Know and Where Do We Go Next? *International Journal of Selection and Assessment*, v. 9, n. 1-2, p. 9-30, 2001. Até cerca de 5% são características socioeconômicas e físicas. Alguns desses fatores estão correlacionados. Eu cito cada fato individual em outra parte do livro.
2. HUNTER, John E.; SCHMIDT, Frank L.; JUDIESCH, Michael K. Individual Differences in Output Variability as a Function of Job Complexity. *Journal of Applied Psychology*, v. 75, n. 1, p. 28, 1990.
3. GROYSBERG, Boris et al. The Leader's Guide to Corporate Culture. *Harvard Business Review*, jan./fev. 2018.

4. FERRISS, Tim. *Relax Like a Pro: 5 Steps to Hacking Your Sleep*. Disponível em: <http://fourhourworkweek.com/2008/01/27/relax-like-a-pro-5-steps-to-hacking-your-sleep/>. Acesso em: 4 ago. 2017. SHEA, Christopher. Empty Stomach Intelligence. *New York Times Magazine*, 10 dez. 2006. Disponível em: <http://www.nytimes.com/2006/12/10/magazine/10section1C.t-1.html?_r=0>.
5. GLADWELL, Malcolm. *Outliers: The Story of Success*. Vancouver: Hachette, 2008. [Ed. bras.: *Fora de série*. Trad. Ivo Korytowski. Rio de Janeiro: Sextante, 2013.]
6. HAMBRICK, David Z. et al. Accounting for Expert Performance: The Devil Is in the Details. *Intelligence*, v. 45, p. 112-114, 2014.
7. REE, M. J.; EARLES, J. A. Intelligence Is the Best Predictor of Job Performance. *Current Directions in Psychological Science*, v. 1, n. 3, p. 86-89, 1992).
8. MATARAZZO, Joseph D. *Wechsler's Measure and Appraisal of Adult Intelligence*. 5. ed. Nova York: Oxford University Press, 1972.
9. LE, Huy et al. Too Much of a Good Thing: Curvilinear Relationships between Personality Traits and Job Performance. *Journal of Applied Psychology*, v. 96, n. 1, p. 113, 2011.
10. ROBERTS, B. W.; DELVECCHIO, W. F. The Rank-Order Consistency of Personality Traits from Childhood to Old Age: A Quantitative Review of Longitudinal Studies. *Psychological Bulletin*, v. 126, n. 1, p. 3, 2000.
11. CASE, Anne; PAXSON, Christina. Stature and Status: Height, Ability, and Labor Market Outcomes. *Journal of Political Economy*, v. 116, n. 3, p. 499-532, 2008. JUDGE, Timothy A.; CABLE, Daniel M. The Effect of Physical Height on Workplace Success and Income: Preliminary Test of a Theoretical Model. *Journal of Applied Psychology*, v. 89, n. 3, p. 428, 2004.
12. MANKIW, N. Gregory; WEINZIERL, Matthew. The Optimal Taxation of Height: A Case Study of Utilitarian Income Redistribution. *American Economic Journal: Economic Policy*, v. 2, n. 1, p. 155-176, 2010.
13. JUDGE, Timothy A.; HURST, Charlice; SIMON, Lauren S. Does It Pay to Be Smart, Attractive, or Confident (or All

Three)? Relationships among General Mental Ability, Physical Attractiveness, Core Self-Evaluations, and Income. *Journal of Applied Psychology*, v. 94, n. 3, p. 742, 2009. LANGLOIS, Judith H. et al. Maxims or Myths of Beauty? A Meta-Analytic and Theoretical Review, *Psychological Bulletin*, v. 126, n. 3, p. 390, 2000.

14. RUDOLPH, Cort W. et al. A Meta-Analysis of Empirical Studies of Weight-Based Bias in the Workplace. *Journal of Vocational Behavior*, v. 74, n. 1, p. 1-10, 2009.
15. JOSHI, Aparna; SON, Jooyeon; ROH, Hyuntak. When Can Women Close the Gap? A Meta-Analytic Test of Sex Differences in Performance and Rewards. *Academy of Management Journal*, v. 58, n. 5, p. 1516-1545, 2015.
16. SIRIN, Selcuk R. Socioeconomic Status and Academic Achievement: A Meta-Analytic Review of Research. *Review of Educational Research*, v. 75, n. 3, p. 417-453, 2005.
17. LEARY, Mark R. Self-Esteem as an Interpersonal Monitor: The Sociometer Hypothesis, *Journal of Personality and Social Psychology*, v. 68, n. 3, p. 518, 1995.
18. CAMPBELL, W. Keith; SEDIKIDES, Constantine. "Self-Threat Magnifies the Self-Serving Bias: A Meta-Analytic Integration", *Review of General Psychology* 3, n. 1 (1999): 23-43.
19. JELLISON, Jerald M.; GREEN, Jane. A Self-Presentation Approach to the Fundamental Attribution Error: The Norm of Internality. *Journal of Personality and Social Psychology*, v. 40, n. 4, p. 643, 1981.
20. NICKERSON, Raymond S. Confirmation Bias: A Ubiquitous Phenomenon in Many Guises. *Review of General Psychology*, v. 2, n. 2, p. 175, 1998.
21. ZATSIORSKY, V. M.; KRAEMER, W. J. *Science and Practice of Strength Training*. Champaign, IL: Human Kinetics, 2006.

Passo 1 – Estabeleça grandes metas

1. LOCKE, Edwin A. Toward a Theory of Task Motivation and Incentives. *Organizational Behavior and Human Performance*, v. 3, n. 2, p. 157-189, 1968.

2. JUDGE, Timothy A.; ILIES, Remus. Relationship of Personality to Performance Motivation: A Meta-Analytic Review. *Journal of Applied Psychology*, v. 87, n. 4, p. 797, 2002.
3. LOCKE, Edwin A; LATHAM, Gary P. Building a Practically Useful Theory of Goal Setting and Task Motivation: A 35-Year Odyssey. *American Psychologist*, v. 57, n. 9, p. 705, 2002.
4. Ibid.
5. OLSON, Camille A.; DAVIS, Gregory M. Pros and Cons of Forced Ranking and Other Relative Performance Ranking Systems. *Society for Human Resource Management Legal Report*, mar. 2003 (citando Hay Group, "Achieving Outstanding Performance Through a 'Culture of Dialogue'", documento de trabalho, 2002).
6. KLUGER, A. N.; DENISI, A. The Effects of Feedback Interventions on Performance: A Historical Review, a Meta-Analysis, and a Preliminary Feedback Intervention Theory. *Psychological Bulletin*, v. 119, n. 2, p. 254-284, 1996.
7. BROCKNER, Joel; DERR, William R.; LAING, Wesley N. Self-Esteem and Reactions to Negative Feedback: Toward Greater Generalizability. *Journal of Research in Personality*, v. 21, n. 3, p. 318-333, 1987.
8. GOLDSMITH, Marshall. Try Feedforward Instead of Feedback. *Journal for Quality and Participation*, v. 8, p. 38-40, 2003.

Passo 2 – Comporte-se de forma a atingir uma alta performance

1. KRANGEL, Eric. Mark Cuban: Yahoo Screwed Because Jerry Is 'Too Nice' (YHOO). *Business Insider*, 29 out. 2008. Disponível em: <http://www.businessinsider. com/2008/10/mark-cuban-jerry-yang-isn-t-mean-enough-yhoo->.
2. YAROW, Jay. Jerry Yang Is Out. *Business Insider*, 17 jan. 2012. Disponível em: <http://www.businessinsider.com/jerry-yang-is-out-2012-1>.

3. STEVE JOBS: A GENIUS BUT A BAD, MEAN MANAGER. *Inquirer.net*, 25 out. 2011. Disponível em: <http://technology.inquirer.net/5713/steve-jobs-a-genius-but-a-bad-mean-manager>.
4. STONE, Brad; MILLER, Claire Cain. Jerry Yang, Yahoo Chief, Steps Down. *New York Times*, 17 nov. 2008. Disponível em: <http://www.nytimes.com/2008/11/18/technology/companies/18yahoo.html>.
5. JUDGE, Timothy A. et al. Personality and Leadership: A Qualitative and Quantitative Review. *Journal of Applied Psychology*, v. 87, n. 4, p. 765, 2002.
6. MERCER. *2013 Global Performance Management Survey Report*. Disponível em: <https://www.mercer.com/content/dam/mercer/attachments/global/Talent/Assess-BrochurePerfMgmt.pdf>.
7. SALA, Fabio. Executive Blind Spots: Discrepancies Between Self-and Other-Ratings. *Consulting Psychology Journal: Practice and Research*, v. 55, n. 4, p. 222, 2003.
8. MACKENZIE, Scott B.; PODSAKOFF, Philip M.; RICH, Gregory A. Transformational and Transactional Leadership and Salesperson Performance. *Journal of the Academy of Marketing Science*, v. 29, n. 2, p. 115-134, 2001.
9. KAISER, Robert B.; OVERFIELD, Darren V. Assessing Flexible Leadership as a Mastery of Opposites. *Consulting Psychology Journal: Practice and Research*, v. 62, n. 2, p. 105, 2010.
10. JANG, Kerry L.; LIVESLEY, W. John; VEMON, Philip A. Heritability of the Big Five Personality Dimensions and Their Facets: A Twin Study. *Journal of Personality*, v. 64, n. 3, p. 577-592, 1996.
11. SPECHT, Jule; EGLOFF, Boris; SCHMUKLE, Stefan C. Stability and Change of Personality across the Life Course: The Impact of Age and Major Life Events on Mean-Level and Rank-Order Stability of the Big Five. *Journal of Personality and Social Psychology*, v. 101, n. 4, p. 862, 2011.
12. BASS, Bernard M. et al. Predicting Unit Performance by Assessing Transformational and Transactional Leadership. *Journal of Applied Psychology*, v. 88, n. 2, p. 207, 2003.

13. JUDGE, Timothy A.; PICCOLO, Ronald F. Transformational and Transactional Leadership: A Meta-Analytic Test of Their Relative Validity. *Journal of Applied Psychology*, v. 89, n. 5, p. 755, 2004.
14. Os quatro fatores originais foram reclassificados para facilitar a compreensão. Os rótulos originais podem ser encontrados em BASS, Bernard M. e AVOLIO, Bruce J., *Improving Organizational Effectiveness through Transformational Leadership*. Thousand Oaks, CA: Sage, 1994.
15. JUDGE, Timothy A.; BONO, Joyce E. Five-Factor Model of Personality and Transformational Leadership. *Journal of Applied Psychology*, v. 85, n. 5, p. 751, 2000.
16. KAPLAN, Steven N.; KLEBANOV, Mark M.; SORENSEN, Morten. Which CEO Characteristics and Abilities Matter? *Journal of Finance*, v. 67, n. 3, p. 973-1007, 2012.
17. KRUGER, Justin; DUNNING, David. Unskilled and Unaware of It: How Difficulties in Recognizing One's Own Incompetence Lead to Inflated Self-Assessments. *Journal of Personality and Social Psychology*, v. 77, n. 6, p. 1121, 1999.
18. GOLDSMITH, Marshall. Try Feedforward Instead of Feedback. *Journal for Quality and Participation*, v. 8, p. 38-40, 2003.

Passo 3 – Evolua mais rápido

1. LACY, Sarah. Peter Thiel: We're in a Bubble and It's Not the Internet. It's Higher Education. *TechCrunch*, 10 abr. 2011. Disponível em: <https://techcrunch.com/ 2011/04/10/peter-thiel-were-in-a-bubble-and-its-not-the-internet-its-higher-education/>.
2. FAQ. *Thiel Fellowship*. Disponível em: <http://thielfellowship.org/faq/>. Acesso em 18 ago. 2017.
3. IVY COACH. *2019 Ivy League Admissions Statistics*. Disponível em: <https://www.ivycoach.com/2019-ivy-league-admissions-statistics/>. Acesso em 17 ago. 2017.
4. GENTILUCCI, Michael. Larry Summers Blasts Thiel Foundation Fellowship: "Single Most Misdirected Bit of Philanthropy This Decade". *Inside Philanthropy*, 16 out. 2013. Disponível em: <https://

www.insidephilanthropy.com/tech-philanthropy/2013/10/16/larry-summers-blasts-thiel-foundation-fellowship-single-most.html>.
5. CLYNES, Tom. Peter Thiel Thinks You Should Skip College, and He'll Even Pay You for Your Trouble. *Newsweek*, 22 fev. 2017. Disponível em: <http://www.newsweek.com/2017/03/03/peter-thiel-fellowship-college-higher-education-559261.html>.
6. LOMBARDO, Michael M.; EICHINGER, Robert W. *The Leadership Machine*. Minneapolis: Lominger, 2005.
7. KOWARSKI, Ilana. Map: Where *Fortune* 100 CEOs Earned MBAs. *US News and World Report*, 21 mar. 2017. Disponível em: <https://www.usnews.com/education/best-graduate-schools/top-business-schools/articles/2017-03-21/map-where-fortune-100-ceos-earned-mbas>.
8. GOLDSMITH, Marshall. *What Got You Here Won't Get You There: How Successful People Become Even More Successful*. Nova York: Profile Books, 2010. [Ed. bras.: *Reinventando o seu próprio sucesso*. São Paulo: Campus, 2007.]

Passo 4 – Relacione-se

1. THE CAPITOL'S AGE PYRAMID: A GREYING CONGRESS. *Wall Street Journal*. Disponível em: <http://online.wsj.com/public/resources/documents/info-CONGRESS_AGES_1009.html>. Acesso em 25 jul. 2017.
2. COUTU, Diane. Lessons in Power: Lyndon Johnson Revealed. *Harvard Business Review*, abr. 2006. Disponível em: <https://hbr.org/2006/04/lessons-in-power-lyndon-johnson-revealed>.
3. KUWABARA, Ko; HILDEBRAND, Claudius; ZOU, Xi. Lay Theories of Networking: How Laypeople's Beliefs about Networks Affect Their Attitudes and Engagement toward Instrumental Networking. *Academy of Management Review*, v. 43, n. 1, doi:10.5465/amr. 2015.0076, 2016.
4. MORRIS, Bob. Jeffrey Pfeffer on Leadership BS: An Interview by Bob Morris. *Blogging on Business*, 28 fev. 2016. Disponível em:

<https://bobmorris.biz/jeffrey-pfeffer-on-leadership-bs-an-interview-by-bob-morris>.
5. WAYNE, Sandy J.; LIDEN, Robert C. Effects of Impression Management on Performance Ratings: A Longitudinal Study. *Academy of Management Journal*, v. 38, n. 1, p. 232-260, 1995.
6. DUARTE, Neville T.; GOODSON, Jane R.; KLICH, Nancy R. How Do I Like Thee? Let Me Appraise the Ways. *Journal of Organizational Behavior*, v. 14, n. 3, p. 239-249, 1993.
7. KATZ, Ralph; TUSHMAN, Michael; ALLEN, Thomas J. The Influence of Supervisory Promotion and Network Location on Subordinate Careers in a Dual Ladder RD&E Setting. *Management Science*, v. 41, n. 5, p. 848-863, 1995.
8. SEIBERT, Scott E.; KRAIMER, Maria L.; LIDEN, Robert C. A Social Capital Theory of Career Success. *Academy of Management Journal*, v. 44, n. 2, p. 219-237, 2001.
9. CROSS, Rob; CUMMINGS, Jonathon N. Tie and Network Correlates of Individual Performance in Knowledge-Intensive Work. *Academy of Management Journal*, v. 47, n. 6, p. 928-937, 2004.
10. ANDERSON, Cameron; SPATARO, Sandra E.; FLYNN, Francis J. Personality and Organizational Culture as Determinants of Influence. *Journal of Applied Psychology*, v. 93, n. 3, p. 702, 2008.
11. TODD, Samuel Y. et al. Career Success Implications of Political Skill. *Journal of Social Psychology*, v. 149, n. 3, p. 279-304, 2009.
12. CHANG, Chu-Hsiang; ROSEN, Christopher C.; LEVY, Paul E. The Relationship between Perceptions of Organizational Politics and Employee Attitudes, Strain, and Behavior: A Meta-Analytic Examination. *Academy of Management Journal*, v. 52, n. 4, p. 779-801, 2009.
13. JONES, Edward E. et al. Evaluation of an Ingratiator by Target Persons and Bystanders. *Journal of Personality*, v. 36, n. 3, p. 349-85, 1968.
14. SEITER, John S.; DUTSON, Eric. The Effect of Compliments on Tipping Behavior in Hairstyling Salons. *Journal of Applied Social Psychology*, v. 37, n. 9, p. 1999-2007, 2007.

15. CHAN, Elaine; SENGUPTA, Jaideep. Insincere Flattery Actually Works: A Dual Attitudes Perspective. *Journal of Marketing Research*, v. 47, n. 1, p. 122-133, 2010.
16. BOLINO, Mark C.; TURNLEY, William H. More Than One Way to Make an Impression: Exploring Profiles of Impression Management. *Journal of Management*, v. 29, n. 2, p. 141-160, 2003.
17. GOULDNER, Alvin W. The Norm of Reciprocity: A Preliminary Statement. *American Sociological Review*, v. 25, n. 2, p. 161-178, 1960.
18. SEIBERT, Scott E.; KRAIMER, Maria L.; LIDEN, Roberto C. A Social Capital Theory of Career Success. *The Academy of Management Journal*, v. 44, n. 2, p. 219-237, abr. 2001.
19. ASENDORPF, Jens B.; WILPERS, Susanne. Personality Effects on Social Relationships. *Journal of Personality and Social Psychology*, v. 74, n. 6, p. 1531, 1998.
20. PODOLNY, Joel M.; BARON, James N. Resources and Relationships: Social Networks and Mobility in the Workplace. *American Sociological Review*, v. 62, n. 5, p. 673-693, 1997.
21. GILOVICH, Thomas; MEDVEC, Victoria Husted; SAVITSKY, Kenneth. The Spotlight Effect in Social Judgment: An Egocentric Bias in Estimates of the Salience of One's Own Actions and Appearance. *Journal of Personality and Social Psychology*, v. 78, n. 2, p. 211, 2000.
22. EPLEY, Nicholas; SAVITSKY, Kenneth; GILOVICH, Thomas. Empathy Neglect: Reconciling the Spotlight Effect and the Correspondence Bias. *Journal of Personality and Social Psychology*, v. 83, n. 2, p. 300, 2002.
23. POLLET, Thomas V.; ROBERTS, Sam G. B.; DUNBAR, Robin I. M. Extraverts Have Larger Social Network Layers. *Journal of Individual Differences*, v. 32, n. 3, 2011.

Passo 5 – Otimize seu poder de adequação

1. FOSTER, Richard; KAPLAN, Sarah. *Creative Destruction: Why Companies That Are Built to Last Underperform the Market – and How to Successfully Transform Them*. Nova York: Crown Business, 2011.

2. MORRIS, Betsy. The Real Story: How Did Coca-Cola's Management Go from First-Rate to Farcical in Six Short Years? *Fortune*, p. 84, 31 mai. 2004.
3. BASS, Bernard M. Two Decades of Research and Development in Transformational Leadership. *European Journal of Work and Organizational Psychology*, v. 8, n. 1, p. 9-32, 1999.
4. MORRIS, Betsy. Op. cit.
5. BENNIS, Warren; O'TOOLE, James. Don't Hire the Wrong CEO. *Harvard Business Review*, p. 170-176, mai./jun. 2000.
6. JUDGE, Timothy A. Person-Organization Fit and the Theory of Work Adjustment: Implications for Satisfaction, Tenure, and Career Success. *Journal of Vocational Behavior*, v. 44, n. 1, p. 32-54, 1994.
7. VERQUER, Michelle L.; BEEHR, Terry A.; WAGNER, Stephen H. A Meta-Analysis of Relations between Person-Organization Fit and Work Attitudes. *Journal of Vocational Behavior*, v. 63, n. 3, p. 473-489, 2003.
8. ZHAO, Hao; SEIBERT, Scott E.; LUMPKIN, G. Thomas. The Relationship of Personality to Entrepreneurial Intentions and Performance: A Meta-Analytic Review. *Journal of Management*, v. 36, n. 2, p. 381-404, 2010.
9. QUINN, Robert E.; CAMERON, Kim. Organizational Life Cycles and Shifting Criteria of Effectiveness: Some Preliminary Evidence. *Management Science*, v. 29, n. 1, p. 33-51, 1983.
10. Dizer que você quer ser o melhor em ambos significa que teria que ser mais eficiente que seus concorrentes mais eficientes e mais inovador que seus concorrentes mais inovadores para ganhar. Isso não é uma abordagem sustentável durante nenhum intervalo de tempo significativo. THORNHILL, Stewart; WHITE, Roderick E. Strategic Purity: A Multi- Industry Evaluation of Pure vs. Hybrid Business Strategies. *Strategic Management Journal*, v. 28, n. 5, p. 553-561, 2007.
11. BASS, Bernard M. Op. cit.
12. JOSHI, Aparna; ROH, Hyuntak. The Role of Context in Work Team Diversity Research: A Meta-Analytic Review. *Academy of Management Journal*, v. 52, n. 3, p. 599-627, 2009.

Passo 6 – Finja

1. BROADHURST, Stephanie Cook. For This Role, Artist Literally Starved. *Christian Science Monitor*, 27 dez. 2002. Disponível em: <https://www.csmonitor. com/2002/1227/p15s01-almo.html>.
2. SNYDER, Mark. Self-Monitoring Processes. *Advances in Experimental Social Psychology*, v. 12, p. 85-128, 1979.
3. FURNHAM, Adrian. Personality Correlates of Self-Monitoring: The Relationship between Extraversion, Neuroticism, Type A Behaviour and Snyder's Self-Monitoring Construct. *Personality and Individual* Differences, v. 10, n. 1, p. 35-42, 1989.
4. DAY, David V. et al. Self-Monitoring Personality at Work: A Meta--Analytic Investigation of Construct Validity. *Journal of Applied Psychology*, v. 87, n. 2, p. 390, 2002.
5. BARRICK, Murray R.; PARKS, Laura; MOUNT, Michael K. Self- Monitoring as a Moderator of the Relationships between Personality Traits and Performance. *Personnel Psychology*, v. 58, n. 3, p. 745-767, 2005.
6. LUTHANS, Fred; HODGETTS, Richard; ROSENKRANTZ, Stuart. *Real Managers*. Pensacola, FL: Ballinger, 1988.
7. JUDGE, Timothy A. et al. Personality and Leadership: A Qualitative and Quantitative Review. *Journal of Applied Psychology*, v. 87, n. 4, p. 765, 2002.
8. PFEFFER, Jeffrey. *Managing with Power: Politics and Influence in Organizations*. Boston: Harvard Business Press, 1992.
9. KARPOWITZ, Christopher F.; MENDELBERG, Tali; SHAKER, Lee. Gender Inequality in Deliberative Participation. *American Political Science Review*, v. 106, n. 3, p. 533-547, 2012.
10. LUTHANS, Fred. Successful vs. Effective Real Managers. *Academy of Management Executive*, v. 2, n. 2, p. 127-132, 1988.
11. PFEFFER, Jeffrey. Op. cit.
12. PFEFFER, Jeffrey. *Power: Why Some People Have It – and Others Don't*. Nova York: HarperBusiness, 2010. [Ed. bras.: *Poder*. Trad. Patricia Arnaud. Rio de Janeiro: BestBusiness, 2013.]

13. JUDGE, Timothy A.; BRETZ JR., Robert D. Political Influence Behavior and Career Success. *Journal of Management*, v. 20, n. 1, p. 43-65, 1994.
14. LUTHANS, Fred; HODGETTS, Richard; ROSENKRANTZ, Stuart. Op. cit.
15. GRIFFIN, Mark A.; PARKER, Sharon K.; MASON, Claire M. Leader Vision and the Development of Adaptive and Proactive Performance: A Longitudinal Study. *Journal of Applied Psychology*, v. 95, n. 1, p. 174, 2010.
16. LUTHANS, Fred. Op. cit.
17. LEE, Angela Y.; LABROO, Aparna A. The Effect of Conceptual and Perceptual Fluency on Brand Evaluation. *Journal of Marketing Research*, v. 41, n. 2, p. 151-165, 2004.
18. HIGGINS, Chad A.; JUDGE, Timothy A.; FERRIS, Gerald R. Influence Tactics and Work Outcomes: A Meta-Analysis. *Journal of Organizational Behavior*, v. 24, n. 1, p. 89-106, 2003.
19. PFEFFER, *Power: Why Some People Have It – and Others Don't*, op. cit.

Passo 7 – Valha-se de seu corpo

1. HARVEY, Allison G. et al. The Subjective Meaning of Sleep Quality: A Comparison of Individuals with and without Insomnia. *Sleep*, v. 31, n. 3, p. 383-393, 2008.
2. LITWILLER, Brett et al. The Relationship between Sleep and Work: A Meta-Analysis. *Journal of Applied Psychology*, v. 102, n. 4, p. 682-699, 2017.
3. PILCHER, June J.; GINTER, Douglas R.; SADOWSKY, Brigitte. Sleep Quality versus Sleep Quantity: Relationships between Sleep and Measures of Health, Well-Being and Sleepiness in College Students. *Journal of Psychosomatic Research*, v. 42, n. 6, p. 583-596, 1997.
4. LITWILLER et al. Op. cit.
5. FINAN, Patrick H.; QUARTANA, Phillip J.; SMITH, Michael T. The Effects of Sleep Continuity Disruption on Positive Mood and Sleep Architecture in Healthy Adults. *Sleep*, v. 38, n. 11, p. 1735-1742, 2015.

6. HIRSHKOWITZ, Max et al. National Sleep Foundation's Sleep Time Duration Recommendations: Methodology and Results Summary. *Sleep Health*, v. 1, n. 1, p. 40-43, 2015.
7. YETISH, Gandhi et al. Natural Sleep and Its Seasonal Variations in Three Pre-industrial Societies. *Current Biology*, v. 25, n. 21, p. 2862-2868, 2015.
8. HARRISON, Yvonne; HORNE, James A. The Impact of Sleep Deprivation on Decision Making: A Review. *Journal of Experimental Psychology: Applied*, v. 6, n. 3, p. 236, 2000.
9. BECK, Melinda. The Sleepless Elite, Why Some People Can Run on Little Sleep and Get So Much Done. *Wall Street Journal*, 5 abr. 2011. Disponível em: <https://www.wsj.com/articles/SB10001424052748703712504576242701752957910>.
10. LIN, Michael T. et al. Somatic Mitochondrial DNA Mutations in Early Parkinson and Incidental Lewy Body Disease. *Annals of Neurology*, v. 71, n. 6, p. 850-854, 2012.
11. HORNE, J. The End of Sleep: 'Sleep Debt' versus Biological Adaptation of Human Sleep to Waking Needs. *Biological Psychology*, v. 87, n. 1, p. 1-14, 2011.
12. BELENKY, Gregory et al. Patterns of Performance Degradation and Restoration during Sleep Restriction and Subsequent Recovery: A Sleep Dose-Response Study. *Journal of Sleep Research*, v. 12, n. 1, p. 1-12, 2003.
13. ZYLBER-KATZ, Ester; GRANIT, Liora; LEVY, Micha. Relationship between Caffeine Concentrations in Plasma and Saliva. *Clinical Pharmacology & Therapeutics*, v. 36, n. 1, p. 133-137, 1984.
14. DRAKE, Christopher et al. Caffeine Effects on Sleep Taken 0, 3, or 6 Hours before Going to Bed. *Journal of Clinical Sleep Medicine*, v. 9, n. 11, p. 1195-1200, 2013.
15. AFAGHI, Ahmad; O'CONNOR, Helen; CHOW, Chin Moi. High-Glycemic-Index Carbohydrate Meals Shorten Sleep Onset. *American Journal of Clinical Nutrition*, v. 85, n. 2, p. 426-430, 2007.
16. HOLT, S. H. A. et al. The Effects of High-Carbohydrate vs High-Fat Breakfasts on Feelings of Fullness and Alertness, and

Subsequent Food Intake. *International Journal of Food Sciences and Nutrition*, v. 50, n. 1, p. 13-28, 1999.
17. BURTON, James P.; HOOBLER, Jenny M.; SCHEUER, Melinda L. Supervisor Workplace Stress and Abusive Supervision: The Buffering Effect of Exercise. *Journal of Business and Psychology*, v. 27, n. 3, p. 271-279, 2012.
18. TIETZEL, Amber J.; LACK, Leon C. The Short-Term Benefits of Brief and Long Naps Following Nocturnal Sleep Restriction. *Sleep*, v. 24, n. 3, p. 293-300, 2001.
19. MEDNICK, Sara C. et al. Comparing the Benefits of Caffeine, Naps and Placebo on Verbal, Motor and Perceptual Memory. *Behavioural Brain Research*, v. 193, n. 1, p. 79-86, 2008.
20. MCLELLAN, Tom M.; CALDWELL, John A.; LIEBERMAN, Harris R. A Review of Caffeine's Effects on Cognitive, Physical and Occupational Performance. *Neuroscience and Biobehavioral Reviews*, v. 71, p. 294-312, 2016.
21. HASKELL, Crystal F. et al. Cognitive and Mood Improvements of Caffeine in Habitual Consumers and Habitual Non-consumers of Caffeine. *Psychopharmacology*, v. 179, n. 4, p. 813-825, 2005.
22. CHANG, Yu-Kai et al. The Effects of Acute Exercise on Cognitive Performance: A Meta-Analysis. *Brain Research*, v. 1453, p. 87-101, 2012.
23. HILLMAN, Charles H.; ERICKSON, Kirk I.; KRAMER, Arthur F. Be Smart, Exercise Your Heart: Exercise Effects on Brain and Cognition. *Nature Reviews Neuroscience*, v. 9, n. 1, p. 58-65, 2008.
24. CHANG, Yu-Kai et al. The Effects of Acute Exercise on Cognitive Performance: A Meta-Analysis. Op. cit.
25. Ibid.
26. Ibid.
27. Ibid.

Passo 8 – Evite distrações

1. KAPLAN, Robert E.; KAISER, Robert B. *Fear Your Strengths: What You Are Best at Could Be Your Biggest Problem*. San Francisco: Berrett-

-Koehler Publishers, 2013. MOSCOSO, Silvia; SALGADO, Jesús F. "Dark Side" Personality Styles as Predictors of Task, Contextual, and Job Performance. *International Journal of Selection and Assessment*, v. 12, n. 4, p. 356-362, 2004.
2. JOSEPH, D. L. et al. Why Does Self-reported Emotional Intelligence Predict Job Performance? A Meta-Analytic Investigation of Mixed EI. *Journal of Applied Psychology*, v. 100, p. 298-342, 2015.
3. CHAMORRO-PREMUZIC, Tomas. Emotional Intelligence Is Not Quite Total B.S. *Talent Quarterly*, n. 14, p. 41-43, ago. 2017.
4. JOSEPH, D. L. et al. Op. cit., p. 298.
5. JOSEPH, D. L.; NEWMAN, D. A. Emotional Intelligence: An Integrative Meta-Analysis and Cascading Model. *Journal of Applied Psychology*, v. 95, n. 1, p. 54, 2010.
6. ERICSSON, Anders; POOL, Robert. Malcolm Gladwell Got Us Wrong: Our Research Was Key to the 10,000-Hour Rule, But Here's What Got Oversimplified. *Salon*, 10 abr. 2016. Disponível em: <http://www.salon.com/2016/04/10/malcolm_gladwell_got_us_wrong_our_research_was_key_to_the_10000_hour_rule_but_heres_what_got_oversimplified/>.
7. HAMBRICK, David Z. et al. Accounting for Expert Performance: The Devil Is in the Details. *Intelligence*, v. 45, p. 112-114, 2014.
8. DUCKWORTH, Angela. *Grit: The Power of Passion and Perseverance*. Nova York: Simon and Schuster, 2016. [Ed. bras.: *Garra*. Trad. Donaldson M. Garschagen e Renata Guerra. Rio de Janeiro: Intrínseca, 2016.]
9. CREDÉ, M.; TYNAN, M. C.; HARMS, P. D. Much Ado about Grit: A Meta-Analytic Synthesis of the Grit Literature. *Journal of Personality and Social Psychology*, v. 113, n. 1, 2017.
10. GEORGE, Bill. The Truth About Authentic Leaders. *Harvard Business School Working Knowledge*, 16 jul. 2016. Disponível em: <http://hbswk.hbs.edu/item/the-truth-about-authentic-leaders#comments>.
11. SCHOFIELD, Todd. How to Adopt the Silicon Valley Mindset. *www.sc.com*. Disponível em: <https://www.sc.com/BeyondBorders/adopt-silicon-valley-mindset/>.

12. GRANT, Heidi; DWECK, Carol S. Clarifying Achievement Goals and Their Impact. *Journal of Personality and Social Psychology*, v. 85, n. 3, p. 541, 2003.
13. DWECK, Carol S.; LEGGETT, Ellen L. A Social-Cognitive Approach to Motivation and Personality. *Psychological Review*, v. 95, n. 2, p. 256, 1988.
14. DEARY, Ian J. et al. The Stability of Individual Differences in Mental Ability from Childhood to Old Age: Follow-up of the 1932 Scottish Mental Survey. *Intelligence*, v. 28, n. 1, p. 49-55, 2000.
15. MCCABE, Kira O. et al. Big Five Personality Profiles of Context-Specific Achievement Goals. *Journal of Research in Personality*, v. 47, n. 6, p. 698-707, 2013.
16. CARNEY, Dana R.; CUDDY, Amy J. C.; YAP, Andy J. Power Posing: Brief Nonverbal Displays Affect Neuroendocrine Levels and Risk Tolerance. *Psychological Science*, v. 21, n. 10, p. 1363-1368, 2010.
17. PETERS, Maquita. "Power Poses" Co-Author: "I Do Not Believe the Effects Are Real". *National Public Radio*, 1 out. 2016. Disponível em: <http://www.npr.org/2016/10/01/496093672/power-poses-co-author-i-do-not-believe-the-effects-are-real>. RANEHILL, Eva et al. Assessing the Robustness of Power Posing: No Effect on Hormones and Risk Tolerance in a Large Sample of Men and Women. *Psychological Science*, v. 26, n. 5, p. 653-656, 2015.